BESTACTIVITYBOOKS.COM

PRIMA EDIZIONE 2022

Illustrazione Grafica Extra: www.freepik.com
Grazie a Alekksall, Starline, Pch.vector, Rawpixel.com, Vectorpocket, Dgim-studio, Upklyak, Macrovector, Stockgiu, Pikisuperstar & Freepik.com Designers

5 CONSIGLI PER INIZIARE

1) COME RISOLVERE LE PAROLE INTRECCIATTE

I puzzle hanno un formato classico:

- Le parole sono nascoste senza spazi o trattini,...
- Orientamento: Le parole possono essere scritte in avanti, indietro, verso l'alto, verso il basso o in diagonale (possono essere invertite).
- Le parole possono sovrapporsi o intersecarsi.

2) APPRENDIMENTO ATTIVO

Accanto ad ogni parola c'è uno spazio per scrivere la traduzione. Per incoraggiare l'apprendimento attivo, un **DIZIONARIO** alla fine di questa edizione vi permetterà di controllare e ampliare le vostre conoscenze. Cerca e scrivi le traduzioni, trovale nel puzzle e aggiungile al tuo vocabolario!

3) SEGNARE LE PAROLE

Puoi inventare il tuo sistema di segni. Forse ne usi già uno? Per esempio, puoi segnare le parole difficili da trovare con una croce, le parole preferite con una stella, le parole nuove con un triangolo, le parole rare con un diamante, e così via.

4) STRUTTURARE L'APPRENDIMENTO

Questa edizione offre un **TACCUINO** alla fine del libro. In vacanza, in viaggio o a casa, puoi organizzare facilmente le tue nuove conoscenze senza bisogno di un secondo quaderno!

5) AVETE FINITO TUTTE LE GRIGLIE?

Nelle ultime pagine di questo libro, nella sezione della **SFIDA FINALE**, troverete un gioco gratuito!

Facile e veloce! Dai un'occhiata alla nostra collezione di libri di attività per il tuo prossimo momento di divertimento e **apprendimento,** a portata di clic!

Trova la tua prossima sfida su:

BestActivityBooks.com/MioProssimoLibro

Ai vostri posti, pronti...Via!

Sapevi che ci sono circa 7.000 lingue diverse nel mondo? Le parole sono preziose.

Amiamo le lingue e abbiamo lavorato duramente per creare libri di altissima qualità. I nostri ingredienti?

Una selezione di argomenti adatti all'apprendimento, tre buone porzioni di intrattenimento, una cucchiaiata di parole difficili e una spolverata di parole rare. Li serviamo con amore e entusiasmo in modo che tu possa risolvere i migliori giochi di parole e divertirti imparando!

La vostra opinione è essenziale. Puoi partecipare attivamente al successo di questo libro lasciandoci un commento. Ci piacerebbe sapere cosa ti è piaciuto di più di questa edizione.

Ecco un link veloce alla pagina dell'ordine:

BestBooksActivity.com/Recensione50

Grazie per il vostro aiuto e buon divertimento!

Tutta la squadra

1 - Salute e Benessere #2

T	C	D	E	G	S	U	B	P	S	A	H	H	V	K	R
R	K	T	E	A	E	G	R	G	X	G	V	M	X	F	B
Á	B	H	N	H	C	N	F	Z	A	Z	N	O	L	E	T
V	D	S	H	P	Y	H	E	A	I	M	Ó	T	A	N	A
E	N	K	V	I	D	D	O	T	H	X	P	N	T	A	C
N	L	K	Ý	H	W	F	R	R	I	P	V	O	É	L	H
I	Z	I	Ž	Á	S	A	M	A	O	K	X	S	I	E	Y
E	A	J	I	K	R	V	B	C	T	B	A	Ť	D	R	G
A	I	B	V	K	N	G	M	I	P	Á	A	H	P	G	I
G	C	O	A	B	Í	N	J	N	O	F	C	S	Ý	I	E
F	K	E	M	Z	M	H	R	C	S	L	W	I	V	A	N
N	E	I	A	D	A	W	C	O	I	J	P	N	A	X	A
T	F	W	O	T	T	R	H	M	M	W	V	P	R	B	B
E	N	E	R	G	I	A	U	E	S	D	T	T	D	F	J
H	I	S	X	I	V	T	Ť	N	U	G	K	P	Z	P	Y
G	K	A	L	Ó	R	I	E	O	D	U	D	S	A	K	D

ALERGIA
ANATÓMIA
CHUŤ
KALÓRIE
TELO
DIÉTA
TRÁVENIE
DEHYDRATÁCIA
ENERGIA
GENETIKA
HYGIENA
INFEKCIA
CHOROBA
MASÁŽ
VÝŽIVA
NEMOCNICA
HMOTNOSŤ
KRV
ZDRAVÝ
VITAMÍN

2 - Aggettivi #2

Ý	Z	D	R	A	V	Ý	Č	I	S	T	Ý	O	D	S	N
N	D	U	Z	I	J	K	B	G	U	H	G	N	O	L	B
A	O	V	J	U	S	I	L	N	Ý	L	V	O	O	Á	G
L	F	R	R	P	V	N	I	K	M	A	W	A	Z	V	W
S	T	F	M	N	G	L	O	B	M	D	U	V	B	N	P
U	U	N	E	Á	K	G	X	N	R	N	W	J	K	Y	E
L	T	C	N	X	L	U	I	R	X	Ý	L	E	O	H	L
Z	Y	G	H	R	C	N	H	R	D	Ý	Y	F	Y	S	E
M	U	I	J	Ý	I	J	Y	P	O	P	I	S	N	Ý	G
I	A	N	P	Ý	V	A	M	Í	J	U	A	Z	V	R	A
W	Ý	N	E	Z	D	O	R	I	R	P	V	Z	Í	H	N
S	L	A	D	K	Ý	T	N	R	S	U	M	L	T	H	T
S	N	Z	D	R	A	M	A	T	I	C	K	Ý	A	L	N
Z	O	D	P	O	V	E	D	N	Ý	Y	V	W	E	B	Ý
B	J	P	R	O	D	U	K	T	Í	V	N	Y	R	O	H
A	U	T	E	N	T	I	C	K	Ý	X	V	T	K	M	X

HLADNÝ
SUCHÝ
AUTENTICKÝ
KREATÍVNY
POPISNÝ
SLADKÝ
DRAMATICKÝ
ELEGANTNÝ
SLÁVNY
SILNÝ
ZAUJÍMAVÝ
PRIRODZENÝ
NORMÁLNY
NOVÝ
HRDÝ
PRODUKTÍVNY
ČISTÝ
ZODPOVEDNÝ
SLANÝ
ZDRAVÝ

3 - Ingegneria

M	W	B	O	G	X	S	M	D	L	N	N	S	M	X	X
P	V	I	W	O	M	R	T	K	Z	G	U	V	E	P	V
O	O	Z	V	O	E	O	C	A	R	U	W	S	R	Á	W
S	N	H	K	I	P	T	E	F	B	O	H	C	A	K	T
D	J	F	O	R	D	Á	T	N	Z	I	B	W	N	Y	A
U	H	O	L	N	K	C	K	W	E	C	L	J	I	E	K
H	M	A	R	G	A	I	D	V	K	R	Y	I	E	Z	O
R	W	K	U	H	L	A	L	I	S	G	G	X	T	X	N
E	F	B	J	U	K	N	A	F	T	A	S	I	S	A	Š
S	A	Ĺ	G	D	U	M	O	T	O	R	D	C	A	N	T
V	K	H	W	U	L	U	K	B	R	J	H	E	X	O	R
U	O	D	I	K	Á	P	R	I	E	M	E	R	T	J	U
Y	T	Z	S	B	C	Š	T	R	U	K	T	Ú	R	A	K
S	T	R	O	J	I	I	J	R	T	R	G	G	Z	C	C
O	N	K	W	W	A	N	I	L	A	P	A	V	K	F	I
D	I	S	T	R	I	B	Ú	C	I	A	Z	A	B	L	A

UHOL
OS
KALKULÁCIA
KONŠTRUKCIA
DIAGRAM
PRIEMER
NAFTA
DISTRIBÚCIA
ENERGIA
SILA
PÁKY
KVAPALINA
STROJ
MERANIE
MOTOR
HĹBKA
POHON
ROTÁCIA
STABILITA
ŠTRUKTÚRA

4 - Archeologia

Z	R	N	Z	S	H	W	H	R	E	L	I	K	V	I	A
N	A	S	A	A	V	O	R	J	W	I	P	Y	G	I	S
K	Í	N	R	O	B	D	O	V	T	S	M	O	J	A	T
E	Z	M	I	R	S	U	B	O	R	E	F	D	R	D	D
T	V	F	Z	T	X	K	D	F	L	I	F	A	L	C	A
Í	C	Ý	T	G	Y	O	H	N	A	N	A	L	Ý	Z	A
M	U	U	S	M	E	S	N	H	U	E	I	F	N	S	K
N	I	J	P	K	C	T	F	Z	Y	T	L	O	E	T	I
N	G	A	R	O	U	I	W	M	B	O	Ý	S	Z	A	M
A	Z	C	O	M	K	M	D	U	K	N	G	Í	N	R	A
É	C	F	F	O	M	Á	N	B	Z	D	N	L	Á	O	R
X	R	N	E	T	C	R	H	Í	K	O	Z	N	M	V	E
A	G	A	S	O	I	H	G	W	K	H	H	E	Y	E	K
G	O	R	O	P	V	C	O	G	M	N	L	O	U	K	N
P	F	J	R	K	Y	W	P	R	E	D	M	E	T	U	E
C	I	V	I	L	I	Z	Á	C	I	A	P	I	T	T	W

ANALÝZA
STAROVEKU
KERAMIKA
CIVILIZÁCIA
ZABUDNUTÝ
POTOMOK
ÉRA
ODBORNÍK
FOSÍLNE
TAJOMSTVO
PREDMET
KOSTI
PROFESOR
RELIKVIA
VÝSKUMNÍK
NEZNÁMY
TÍM
CHRÁM
HROB
HODNOTENIE

5 - Salute e Benessere #1

L	K	L	I	N	I	K	A	T	K	O	Ž	A	C	R	K
E	H	O	R	M	Ó	N	Y	D	E	B	D	T	E	P	O
K	L	E	K	Á	R	E	Ň	H	B	R	R	L	L	D	S
Á	W	T	Y	U	G	P	C	L	A	A	A	C	W	Y	T
R	R	V	V	B	V	N	O	A	K	K	N	P	W	W	I
W	E	F	Z	T	P	M	G	D	T	T	Í	D	I	J	Y
D	L	L	N	I	Z	M	I	D	É	Í	C	O	B	A	O
Y	A	B	Č	E	I	L	R	M	R	V	I	J	X	N	S
V	X	R	G	S	R	U	S	C	I	N	D	V	C	I	M
P	Á	C	W	V	S	V	C	O	E	Y	E	Z	W	N	R
Y	C	N	T	A	P	P	Y	B	J	C	M	T	W	E	L
V	I	D	I	L	K	C	K	H	Y	F	I	L	E	M	J
Y	A	T	W	Y	Y	Š	R	E	F	L	E	X	U	O	W
O	I	F	A	G	M	F	Ý	H	P	I	P	X	V	L	I
V	N	V	Y	S	U	R	Í	V	T	C	X	J	Y	Z	J
X	X	R	M	X	J	R	N	N	C	R	W	B	M	J	U

ZVYK
VÝŠKA
AKTÍVNY
BAKTÉRIE
KLINIKA
HLAD
LEKÁREŇ
ZLOMENINA
MEDICÍNA
LEKÁR
SVALY
NERVY
HORMÓNY
KOSTI
KOŽA
REFLEX
RELAXÁCIA
TERAPIA
LIEČBA
VÍRUS

6 - Aggettivi #1

T	Ý	K	C	E	L	E	M	U	V	N	A	A	R	E	S
M	L	A	D	Ý	N	M	I	R	P	Ú	B	K	C	X	V
C	A	D	P	T	N	Ť	M	K	B	W	S	T	E	O	X
I	M	O	U	I	V	R	A	K	Y	S	O	Í	N	T	K
D	O	K	F	Ž	G	E	E	Ž	J	H	L	V	N	I	S
X	P	O	B	E	U	X	Ľ	D	K	D	Ú	N	Ý	C	W
G	K	N	M	L	X	G	L	K	O	Ý	T	Y	X	K	C
V	G	A	Z	Ô	W	D	X	S	Ý	M	N	U	U	Ý	I
B	H	L	L	D	Š	T	E	D	R	Ý	Y	L	Y	Y	B
J	L	Ý	N	Ž	O	T	O	T	T	E	N	K	Ý	K	K
N	Z	A	Y	K	H	A	M	B	I	C	I	Ó	Z	N	Y
J	Z	O	G	U	V	V	B	J	K	G	N	Z	I	K	J
O	B	R	O	V	S	K	Ý	D	A	N	Y	T	H	D	R
N	W	D	R	B	E	A	R	O	M	A	T	I	C	K	Ý
R	T	Y	P	P	N	Z	S	J	N	J	F	Z	R	H	D
D	L	H	Ý	D	S	I	E	W	I	T	V	K	K	W	D

AMBICIÓZNY
AROMATICKÝ
UMELECKÝ
ABSOLÚTNY
AKTÍVNY
OBROVSKÝ
EXOTICKÝ
ŠTEDRÝ
MLADÝ
VEĽKÝ
TOTOŽNÝ
DÔLEŽITÝ
POMALÝ
DLHÝ
MODERNÝ
ÚPRIMNÝ
DOKONALÝ
ŤAŽKÝ
CENNÝ
TENKÝ

7 - Geologia

J	S	N	O	P	H	T	N	S	K	A	I	Z	Ó	R	E
G	A	T	Y	I	L	Ľ	K	P	M	V	C	E	U	K	S
L	Y	S	J	F	L	O	N	Y	B	T	T	M	R	R	T
O	Z	O	K	W	N	S	Š	L	P	S	T	E	Z	Y	A
L	Á	V	A	Y	A	V	P	I	Z	R	I	T	S	Š	L
K	J	T	O	F	Ň	C	J	E	N	V	T	R	L	T	A
S	Y	K	L	T	D	A	Ň	E	M	A	K	A	T	Á	G
O	G	S	R	A	Z	I	E	Y	O	I	A	S	N	L	M
P	Z	N	E	C	U	T	M	C	B	G	L	E	E	Y	I
K	V	F	Y	L	Á	R	E	N	I	M	A	N	N	G	T
A	C	Z	A	I	I	L	R	R	K	I	T	I	I	D	Y
G	E	J	Z	Í	R	N	K	E	G	G	S	E	T	M	H
M	S	O	G	W	A	O	A	F	O	S	Í	L	N	E	K
Z	T	U	W	P	L	I	E	R	J	P	C	X	O	I	Y
P	W	A	J	C	R	U	V	Á	P	N	I	K	K	U	S
K	O	R	A	L	O	V	E	S	E	R	C	W	H	C	J

KYSELINA
PLOŠINA
VÁPNIK
JASKYŇA
KONTINENT
KORALOV
KRYŠTÁLY
ERÓZIA
FOSÍLNE
GEJZÍR
LÁVA
MINERÁLY
KAMEŇ
KREMEŇ
SOĽ
STALAGMITY
STALAKTIT
VRSTVA
ZEMETRASENIE
SOPKA

8 - Campeggio

Z	J	K	S	R	V	J	J	H	G	L	O	N	S	P	R
H	M	A	U	S	Z	V	R	I	K	I	A	V	Y	V	H
K	O	J	F	R	B	D	U	G	B	C	N	N	M	B	L
Z	A	J	P	O	V	A	H	A	V	R	C	H	O	D	O
Á	P	N	D	L	Z	V	I	E	R	A	T	Á	R	O	V
B	A	P	O	A	H	K	F	D	N	I	S	U	T	B	M
A	M	S	Y	E	C	L	E	S	Z	W	Z	B	S	R	A
V	U	T	I	S	Z	I	I	S	I	U	O	Y	C	O	K
A	R	A	A	L	D	D	A	R	E	Z	H	A	X	D	A
S	K	N	L	X	V	T	F	S	B	R	E	M	J	R	B
H	B	N	E	C	J	T	G	A	I	F	Ň	E	A	U	Í
L	S	H	A	P	M	Z	H	P	D	E	N	S	Z	Ž	N
C	K	T	M	P	V	Z	Y	M	H	E	Ť	I	E	S	A
V	V	K	O	Y	P	L	T	O	G	G	P	A	R	T	K
G	X	K	L	O	B	Ú	K	K	M	T	R	C	O	V	P
E	P	U	F	K	E	W	D	J	N	S	E	P	D	O	B

STROMY
HOJDACIA SIEŤ
ZVIERATÁ
DOBRODRUŽSTVO
KOMPAS
KABÍNA
LOV
KANOE
KLOBÚK
LANO
ZÁBAVA
LES
OHEŇ
HMYZ
JAZERO
MESIAC
MAPA
VRCH
POVAHA
STAN

9 - Tempo

H	O	D	I	N	A	R	E	Č	V	C	N	H	B	P	O
Z	R	J	V	I	L	U	B	U	D	Ú	C	N	O	S	Ť
K	O	R	O	V	F	X	M	D	C	L	P	G	G	N	F
O	K	Z	Ň	K	N	Z	Z	A	P	N	R	J	B	V	K
K	S	P	R	E	D	B	N	T	G	B	A	Y	I	U	P
N	O	V	J	Y	D	J	E	Ú	B	A	B	S	V	D	O
E	Č	L	Y	U	G	P	S	N	D	U	J	P	P	O	L
D	E	S	A	Ť	R	O	Č	I	E	B	H	G	N	Ý	U
K	R	I	A	P	Y	C	J	M	C	P	O	P	O	N	D
A	V	Y	Č	M	K	G	N	C	A	X	D	N	C	Č	N
L	M	L	I	O	L	X	S	Y	I	Ň	I	S	Á	O	I
E	Z	N	A	P	R	I	M	P	S	E	N	D	C	R	E
N	T	M	P	E	W	O	M	V	E	D	Y	O	G	G	J
D	W	C	D	L	N	E	T	J	M	Ž	B	G	M	H	V
Á	D	J	E	V	T	S	Y	S	P	Ý	R	E	D	Z	H
R	U	M	X	I	U	X	C	N	R	T	Y	H	W	H	P

ROK
ROČNÝ
KALENDÁR
DESAŤROČIE
PO
BUDÚCNOSŤ
DEŇ
VČERA
RÁNO
MESIAC
POLUDNIE
MINÚTA
NOC
DNES
HODINA
HODINY
ČOSKORO
PRED
STOROČIE
TÝŽDEŇ

10 - Astronomia

G	S	O	Z	I	F	K	Z	O	U	V	L	E	R	U	P
J	U	B	H	E	V	P	O	K	S	E	L	E	T	V	L
V	P	S	D	Z	M	K	M	Z	B	J	C	H	H	N	A
J	E	E	S	F	L	C	Ó	Y	M	X	B	I	P	E	N
W	R	R	H	I	A	A	N	I	V	O	L	M	H	B	É
B	N	V	C	E	T	I	O	Z	J	G	S	W	W	A	T
Ž	O	A	G	R	F	S	R	O	E	T	E	M	J	V	A
I	V	T	J	A	O	E	T	G	Y	N	A	A	K	G	X
A	A	Ó	X	E	L	M	S	Ú	H	V	E	Z	D	I	E
R	F	R	M	U	U	A	A	C	H	X	V	E	I	V	K
E	E	I	W	S	S	Z	X	D	H	J	J	W	O	E	B
N	X	U	A	I	C	Á	T	I	V	A	R	G	R	S	S
I	T	M	O	U	X	M	V	E	A	H	Y	P	E	M	M
E	A	S	T	R	O	N	A	U	T	F	Y	S	T	Í	E
R	O	V	N	O	D	E	N	N	O	S	Ť	C	S	R	H
G	E	A	V	R	A	K	E	T	A	G	X	L	A	X	Z

ASTEROID
ASTRONAUT
ASTRONÓM
NEBA
KOZMOS
SÚHVEZDIE
ROVNODENNOSŤ
GALAXIA
GRAVITÁCIA
MESIAC
METEOR
HMLOVINA
OBSERVATÓRIUM
PLANÉTA
ŽIARENIE
RAKETA
SUPERNOVA
TELESKOP
ZEM
VESMÍR

11 - Algebra

Z	D	P	W	D	S	G	E	N	P	T	G	T	S	T	S
J	O	E	S	M	L	K	I	H	D	I	V	Í	Z	I	A
Č	Y	D	O	C	C	Y	N	R	Á	E	N	I	L	S	N
S	Í	M	A	T	I	C	A	V	K	W	P	F	O	N	U
X	D	S	K	P	N	M	T	J	Z	A	D	E	T	N	L
G	R	O	L	G	N	U	Í	S	K	O	M	O	L	Z	A
R	R	V	D	O	E	C	Č	N	M	A	R	G	A	I	D
I	O	A	D	E	K	V	D	H	L	K	E	E	G	P	R
E	T	K	F	M	O	G	O	S	P	R	X	F	C	R	O
Š	K	A	O	G	N	A	I	F	E	O	P	A	S	O	V
E	A	Ý	N	N	E	M	E	R	P	V	O	L	R	B	N
N	F	P	J	Y	Č	V	T	S	N	T	N	O	M	L	I
I	L	J	Z	S	N	B	W	K	Y	Á	E	Š	Y	É	C
E	H	H	R	H	Ý	O	F	N	K	Z	N	N	Z	M	E
Z	J	E	D	N	O	D	U	Š	I	Ť	T	Ý	M	K	Y
D	P	L	B	K	U	X	H	I	K	M	F	X	F	N	T

DIAGRAM
DIVÍZIA
ROVNICE
EXPONENT
FALOŠNÝ
FAKTOR
VZOREC
ZLOMOK
GRAF
NEKONEČNÝ
LINEÁRNY
MATICA
ČÍSLO
ZÁTVORKA
PROBLÉM
ZJEDNODUŠIŤ
RIEŠENIE
ODČÍTANIE
PREMENNÝ
NULA

12 - Mitologia

N	S	X	S	C	A	H	K	S	E	L	B	Ž	C	F	B
I	E	I	R	N	A	R	U	H	L	A	N	I	D	Y	G
M	B	S	L	I	F	D	L	R	N	B	U	A	S	T	N
U	D	A	M	A	O	I	T	A	B	Y	D	R	P	R	X
R	R	T	M	R	R	N	Ú	W	L	R	E	L	R	K	N
P	M	S	P	M	T	A	R	C	K	I	J	I	Á	G	G
Y	Á	M	A	Z	S	E	A	L	V	N	H	V	V	B	L
T	V	O	R	B	A	E	Ľ	Ý	T	T	V	O	A	O	E
E	T	P	E	F	T	H	K	N	H	V	L	S	N	J	G
H	S	B	Š	D	A	T	W	Ľ	O	M	O	Ť	I	O	E
C	Ž	I	Í	S	K	H	R	E	N	S	J	R	E	V	N
R	O	D	R	O	H	R	O	T	Y	D	Ť	N	U	N	D
A	B	P	P	M	E	O	G	R	J	Z	S	S	H	Í	A
Z	D	C	B	J	D	M	J	M	B	P	J	P	I	K	T
E	I	N	E	Č	D	E	V	S	E	R	P	N	C	J	O
X	R	X	B	H	F	U	F	G	L	K	Z	G	U	J	S

ARCHETYP
SPRÁVANIE
TVOR
TVORBA
PRESVEDČENIE
KULTÚRA
KATASTROFA
BOŽSTVÁ
HRDINA
SILA
BLESK
ŽIARLIVOSŤ
BOJOVNÍK
NESMRTEĽNOSŤ
LABYRINT
LEGENDA
SMRTEĽNÝ
PRÍŠERA
HROM
POMSTA

13 - Piante

G	J	C	H	C	A	M	W	X	F	Y	N	Z	P	K	A
I	N	E	N	L	Í	S	T	O	K	L	I	S	T	E	I
I	Z	Y	O	K	I	R	W	K	H	J	T	K	T	R	C
L	K	M	J	Z	H	C	B	E	X	P	F	V	N	S	Y
C	X	O	I	W	E	F	T	O	I	K	S	E	E	F	U
X	N	A	V	Á	R	T	A	V	T	G	V	T	J	K	T
A	A	I	O	H	Y	I	D	Z	S	A	H	A	B	W	N
S	T	R	O	M	D	F	A	T	U	N	N	A	T	F	I
U	Č	N	Ó	H	B	I	R	T	B	Ľ	R	I	M	X	L
T	E	X	Z	L	G	R	H	P	M	T	A	C	K	H	B
K	R	D	C	F	F	L	Á	O	A	R	L	Á	J	A	G
A	B	K	O	R	E	Ň	Z	I	B	O	E	T	L	R	A
K	D	C	U	G	B	K	B	T	X	Z	S	E	A	B	V
D	Z	H	H	U	M	K	G	P	W	W	V	G	W	R	U
L	Í	S	T	I	E	L	U	B	O	B	S	E	L	M	J
V	I	E	K	S	L	Z	P	O	O	U	J	V	T	F	T

STROM
BOBULE
BAMBUS
BOTANIKA
KAKTUS
KER
BREČTAN
TRÁVA
FAZUĽA
HNOJIVO
KVET
FLÓRA
LIST
LÍSTIE
LES
ZÁHRADA
MACH
LÍSTOK
KOREŇ
VEGETÁCIA

14 - Numeri

H	A	R	U	O	H	U	B	Š	A	M	N	I	T	S	P
D	E	V	Ä	Ť	S	P	X	E	I	I	D	F	N	E	Ä
Ť	S	Á	N	T	S	E	Š	S	N	L	O	V	W	D	T
S	J	T	L	V	O	T	M	Ť	L	F	S	I	A	E	N
Á	L	D	E	V	Ä	T	N	Á	S	Ť	E	G	W	M	Á
N	Y	D	D	K	W	O	P	Z	É	A	M	Z	P	N	S
I	U	E	S	E	O	R	F	R	N	S	N	X	G	Á	Ť
R	I	E	E	T	S	S	I	J	N	D	Á	X	X	S	K
T	Y	R	D	K	C	A	E	V	I	A	S	N	O	Ť	C
D	E	J	E	N	U	D	Ť	R	T	V	Ť	U	Z	Ä	Z
N	E	P	M	Š	T	Y	R	I	A	D	M	L	E	P	O
T	W	I	E	Š	T	R	N	Á	S	Ť	L	A	J	C	G
M	I	X	D	A	C	U	Y	V	E	W	F	O	S	S	F
M	T	O	Ť	S	Á	N	A	V	D	L	T	R	U	Z	H
X	P	E	D	Y	E	L	Z	H	M	P	R	Y	N	J	W
W	K	G	C	V	P	A	S	W	P	O	I	U	D	R	A

PÄŤ
DESATINNÉ
DEVÄTNÁSŤ
SEDEMNÁSŤ
OSEMNÁSŤ
DESAŤ
DVANÁSŤ
DVA
DEVÄŤ
OSEM
ŠTRNÁSŤ
ŠTYRI
PÄTNÁSŤ
ŠESTNÁSŤ
ŠESŤ
SEDEM
TRI
TRINÁSŤ
DVADSAŤ
NULA

15 - Cioccolato

O	X	H	X	G	Y	O	A	K	A	K	K	N	F	N	K
O	L	L	A	M	A	S	B	I	J	V	N	M	M	I	V
N	L	O	T	W	X	Z	P	Ľ	R	E	C	E	P	T	A
R	E	M	E	S	E	L	N	É	Ú	R	O	Y	Z	R	L
E	M	T	M	B	M	A	Z	J	K	B	I	H	E	V	I
V	A	X	O	Ý	K	C	I	T	O	X	E	I	S	F	T
H	R	J	Z	H	F	J	R	O	K	K	S	N	S	U	A
U	A	P	F	H	X	S	O	H	O	U	M	R	Ý	Z	M
B	K	T	W	H	O	R	K	Ý	S	L	G	J	A	W	Ó
B	Ý	P	K	E	C	H	U	Ť	O	S	G	F	H	B	R
V	T	N	T	N	M	Y	C	N	V	M	L	R	R	X	A
H	U	Y	D	I	Š	A	R	A	Ý	L	M	A	G	C	X
A	N	T	I	O	X	I	D	A	N	T	E	E	D	H	L
G	M	J	S	B	H	K	A	L	Ó	R	I	E	T	K	B
N	Z	L	O	Ž	K	A	P	R	Á	Š	O	K	W	U	Ý
P	Y	N	P	U	P	T	L	C	U	K	R	O	V	Í	N

HORKÝ
ANTIOXIDANT
ARAŠIDY
ARÓMA
REMESELNÉ
KAKAO
KALÓRIE
CUKROVÍ
KARAMEL
LAHODNÝ
SLADKÝ
EXOTICKÝ
CHUŤ
ZLOŽKA
KOKOSOVÝ
PRÁŠOK
OBĽÚBENÝ
KVALITA
RECEPT
CUKOR

16 - Guida

N	G	Z	O	K	T	B	P	O	B	R	Z	D	Y	X	O
C	E	S	T	A	V	B	A	L	T	H	M	N	B	A	I
N	E	H	O	D	A	F	L	E	R	E	V	A	I	L	K
J	H	B	T	Ť	B	J	I	K	K	G	S	G	P	F	I
F	N	V	U	S	Ž	G	V	Y	Z	P	S	T	A	A	Y
L	L	F	A	O	Á	P	O	C	S	G	J	G	O	W	T
O	G	P	G	L	R	O	T	O	M	P	A	U	B	I	C
S	P	X	Z	H	A	L	T	T	Y	E	J	I	E	Z	R
L	A	A	X	C	G	Í	V	O	A	Š	S	X	Z	T	T
Y	I	I	T	Ý	H	C	A	M	V	E	U	E	P	U	D
T	X	C	R	R	I	I	N	X	A	J	B	A	E	N	S
B	S	M	E	O	N	A	V	A	R	P	O	D	Č	E	H
P	L	Y	N	N	U	O	I	Y	P	H	T	O	N	L	F
V	J	L	Y	T	C	X	S	T	E	I	U	I	O	A	M
M	I	Y	P	I	E	I	B	Ť	R	Z	A	L	S	V	L
F	O	K	S	F	X	S	A	L	P	W	R	B	Ť	C	V

OPATRNOSŤ
AUTO
AUTOBUS
PALIVO
BRZDY
GARÁŽ
PLYN
NEHODA
LICENCIA
MAPA
MOTOCYKEL
MOTOR
PEŠEJ
POLÍCIA
BEZPEČNOSŤ
CESTA
DOPRAVA
PREPRAVA
TUNEL
RÝCHLOSŤ

17 - I Media

V	V	F	I	N	A	N	C	O	V	A	N	I	E	Č	K
F	Z	R	W	S	U	O	X	X	E	Y	P	I	S	A	O
O	D	X	V	Y	V	R	M	M	N	I	Z	C	F	S	M
T	E	W	S	B	G	E	P	O	I	D	Á	R	S	O	U
O	L	L	B	N	G	J	B	K	L	E	Z	Y	Ť	P	N
G	Á	G	Y	J	R	O	Z	Á	N	I	S	X	S	I	I
R	V	D	F	A	K	T	Y	F	O	N	H	T	O	S	K
A	A	I	B	S	J	S	N	A	O	A	N	J	N	Y	Á
F	N	G	E	B	E	O	I	O	V	D	V	U	J	Y	C
I	I	I	R	J	Y	P	V	F	U	Y	U	C	E	X	I
E	E	T	M	S	Y	U	O	G	W	V	Z	J	R	L	A
N	J	Á	F	P	F	P	N	E	J	S	M	R	E	K	W
J	U	L	E	S	Y	M	E	I	R	P	I	W	V	Y	X
E	Ý	N	Č	R	E	M	O	K	N	W	X	E	K	N	K
V	G	Y	T	E	L	E	V	Í	Z	I	A	Z	Ť	J	R
I	N	T	E	L	E	K	T	U	Á	L	N	Y	S	J	Y

POSTOJE
KOMERČNÝ
KOMUNIKÁCIA
DIGITÁLNY
VYDANIE
VZDELÁVANIE
FAKTY
FINANCOVANIE
FOTOGRAFIE
NOVINY
PRIEMYSEL
INTELEKTUÁLNY
MIESTNY
ONLINE
NÁZOR
VEREJNOSŤ
RÁDIO
SIEŤ
ČASOPISY
TELEVÍZIA

18 - Forza e Gravità

S	P	R	U	U	V	W	M	C	A	Y	C	I	Č	Y	E
O	E	G	U	I	Z	C	X	E	E	M	S	M	A	V	X
B	Y	H	O	P	D	D	R	P	C	N	E	C	S	P	P
J	M	D	S	L	I	A	Y	L	D	H	T	K	W	L	A
A	A	Y	X	K	A	L	T	A	U	O	A	R	L	Y	N
V	G	N	V	N	L	P	P	N	M	Z	B	N	U	V	Z
K	N	A	L	J	E	H	N	É	R	Y	P	A	I	M	I
T	E	M	S	O	N	I	U	T	P	O	F	V	R	K	A
R	T	I	B	F	O	H	M	O	T	N	O	S	Ť	J	A
E	I	C	P	N	S	V	L	A	S	T	N	O	S	T	I
N	Z	K	B	L	Ť	J	R	A	T	F	Y	Z	I	K	A
I	M	Ý	T	H	X	G	B	S	K	I	J	H	C	A	N
E	U	R	Ý	C	H	L	O	S	Ť	W	B	T	U	J	J
U	S	P	S	C	E	Z	W	H	J	U	F	R	R	M	E
U	N	I	V	E	R	Z	Á	L	N	Y	M	W	O	S	F
D	E	E	T	V	O	P	K	O	W	C	F	A	Y	M	D

OS
TRENIE
CENTRUM
DYNAMICKÝ
VZDIALENOSŤ
EXPANZIA
FYZIKA
VPLYV
MAGNETIZMUS
MECHANIKA
POHYB
ORBITA
HMOTNOSŤ
PLANÉT
TLAK
VLASTNOSTI
OBJAV
ČAS
UNIVERZÁLNY
RÝCHLOSŤ

19 - Sport

S	F	S	C	M	B	S	T	R	É	N	E	R	T	I	M
T	C	L	F	Z	É	V	O	T	R	O	P	Š	K	E	A
P	A	H	N	D	W	A	V	I	Ž	Ý	V	T	N	F	X
R	S	N	O	Z	M	L	D	P	G	U	R	O	J	Ý	I
O	C	I	E	P	G	Y	A	R	H	D	L	S	B	K	M
G	Y	V	L	C	N	Š	P	O	R	T	O	V	E	C	A
R	K	Y	P	A	I	O	K	O	S	T	I	U	V	I	L
A	L	T	D	J	G	L	S	G	F	V	R	W	O	L	I
M	I	R	A	K	G	E	V	Ť	O	L	L	P	V	O	Z
T	S	V	S	Y	O	T	E	Z	X	C	H	H	O	B	O
K	T	A	W	U	J	N	T	T	K	J	R	I	J	A	V
L	I	L	S	X	G	Z	W	X	K	A	P	G	M	T	A
C	K	O	L	U	Z	T	D	Y	G	T	J	P	E	E	Ť
I	A	S	E	C	S	I	P	P	Z	É	K	G	V	M	O
E	P	Ť	U	N	W	V	P	G	N	I	Č	E	R	T	S
Ľ	I	X	B	C	A	K	X	Y	Z	D	R	A	V	I	E

TRÉNER
ŠPORTOVEC
SCHOPNOSŤ
CYKLISTIKA
TELO
TANEC
DIÉTA
SILA
JOGGING
MAXIMALIZOVAŤ
METABOLICKÝ
SVALY
VÝŽIVA
CIEĽ
KOSTI
PROGRAM
VYTRVALOSŤ
ZDRAVIE
ŠPORTOVÉ
STREČING

20 - Uccelli

P	P	D	T	H	A	B	V	J	V	S	C	I	T	K	C
R	A	K	V	A	L	O	V	E	D	H	N	B	U	J	V
G	R	P	I	M	X	L	A	B	U	Ť	S	O	Č	Y	M
N	U	O	A	X	P	O	B	T	T	S	H	C	N	S	W
P	K	O	K	G	N	R	C	I	V	N	Z	I	I	A	N
R	G	P	Č	Y	Á	O	G	N	Z	B	L	A	A	Z	E
D	M	I	U	R	K	J	Č	A	J	K	A	N	K	U	Y
E	E	T	K	Z	I	N	K	K	C	A	H	O	L	U	B
Y	V	H	U	U	L	D	S	U	G	I	L	K	E	D	V
C	X	K	K	U	E	L	A	T	F	N	B	G	N	L	A
T	L	D	P	D	P	Z	T	A	F	E	P	U	M	H	J
V	R	A	B	E	C	W	S	R	Z	M	F	Á	L	S	E
W	L	C	P	N	C	C	Y	L	V	A	U	J	V	O	C
K	A	Č	I	C	A	J	V	J	I	L	D	N	K	G	H
H	U	S	O	R	T	Š	P	C	W	P	L	L	I	P	W
N	C	J	J	N	Y	M	F	T	Y	S	A	G	M	D	R

VOLAVKA
KAČICA
OROL
BOCIAN
LABUŤ
HOLUBICA
KUKUČKA
PLAMENIAK
ČAJKA
HUS
PAPAGÁJ
VRABEC
PÁV
PELIKÁN
HOLUB
TUČNIAK
KURA
PŠTROS
TUKAN
VAJEC

21 - Giorni e Mesi

K	M	S	T	S	U	G	U	A	U	M	C	S	K	W	R
B	Y	D	B	Ň	E	D	Ž	Ý	T	E	K	Z	P	A	H
A	E	N	N	B	T	P	Y	R	E	S	D	K	X	I	M
E	P	D	B	W	A	I	T	T	F	I	L	V	F	X	S
Z	E	R	E	K	F	P	J	E	Z	A	I	S	J	X	O
H	C	E	Í	O	B	J	Ú	V	M	C	L	P	A	W	B
I	R	B	R	L	P	I	N	I	K	B	R	M	G	J	O
U	L	Ó	K	E	K	J	Ú	L	H	U	E	R	R	O	T
R	L	T	T	D	A	S	T	R	E	D	A	R	O	G	A
F	L	K	M	N	L	N	E	D	E	Ľ	A	N	O	K	L
B	L	O	I	O	E	N	O	V	E	M	B	E	R	O	B
N	V	J	B	P	N	F	E	B	R	U	Á	R	R	T	G
E	F	S	A	U	D	U	T	O	R	O	K	E	I	A	S
E	P	X	I	M	Á	J	A	N	U	Á	R	R	X	I	W
Y	O	C	X	N	R	E	B	M	E	C	E	D	X	P	X
U	U	F	F	E	D	U	A	N	L	T	F	T	P	O	S

AUGUST
ROK
APRÍL
KALENDÁR
DECEMBER
NEDEĽA
FEBRUÁR
JANUÁR
JÚN
JÚL
PONDELOK
UTOROK
STREDA
MESIAC
NOVEMBER
OKTÓBER
SOBOTA
SEPTEMBER
TÝŽDEŇ
PIATOK

22 - Casa

O	Y	C	R	A	W	K	H	T	X	I	B	B	B	R	S
K	K	S	G	C	S	S	K	B	R	G	Z	X	P	D	T
Y	V	X	T	P	R	C	B	J	H	B	T	M	K	D	E
S	M	O	T	Y	E	E	I	V	O	R	K	D	O	P	N
P	N	O	J	W	T	W	R	Z	X	I	I	C	M	O	A
R	E	R	Z	A	A	H	O	M	B	I	T	H	B	R	R
C	E	R	E	B	O	K	K	R	B	A	Ú	E	X	T	H
H	G	I	F	N	J	M	K	A	N	H	H	T	J	S	X
A	P	M	A	L	I	R	W	U	P	B	O	B	R	A	G
D	P	R	H	S	Y	U	R	B	C	L	K	W	K	C	A
A	O	B	C	C	E	U	B	N	U	H	O	N	K	O	R
R	D	O	E	Z	R	K	A	D	L	O	Y	T	R	N	Á
H	L	X	R	Z	E	M	E	T	L	A	I	Ň	J	P	Ž
Á	A	I	T	X	V	Y	D	N	X	I	N	I	A	I	F
Z	H	B	S	Y	D	K	N	I	Ž	N	I	C	A	R	E
C	A	C	J	O	G	C	K	H	M	G	M	E	H	Y	H

PODKROVIE
KNIŽNICA
IZBA
KRB
KUCHYŇA
SPRCHA
OKNO
GARÁŽ
ZÁHRADA
LAMPA
STENA
PODLAHA
DVERE
PLOT
KOHÚTIK
METLA
STROP
ZRKADLO
KOBEREC
STRECHA

23 - Ristorante #1

N	D	X	M	A	K	P	L	R	M	V	R	P	J	T	N
Z	Ô	Z	H	O	J	U	O	J	Ä	M	W	O	O	A	Z
K	O	Ž	T	C	F	C	C	S	S	U	T	K	E	N	D
I	U	K	J	L	D	Y	Z	H	O	U	W	L	O	I	M
N	R	R	M	I	S	K	A	M	Y	M	W	A	G	E	A
G	E	R	A	D	E	T	Y	E	L	Ň	B	D	Y	R	M
R	Z	N	K	J	J	G	T	N	X	E	A	N	F	F	B
E	E	P	Č	J	E	S	Ť	U	Y	F	K	Í	E	R	P
D	R	A	Á	O	B	R	Ú	S	O	K	Č	K	N	M	F
I	V	F	M	C	H	L	I	E	B	L	Í	O	B	A	S
E	Á	C	O	D	G	R	X	É	N	T	N	A	K	I	P
N	C	J	K	V	K	B	A	X	D	J	Š	R	N	G	G
C	I	L	L	A	Á	B	J	C	C	F	A	K	K	R	A
I	A	P	Z	L	V	V	Z	M	D	X	Č	K	R	E	Y
E	X	U	S	G	A	M	F	J	E	D	L	O	L	L	Y
D	E	Z	E	R	T	Y	D	K	W	T	I	D	I	A	P

ALERGIA
KÁVA
ČAŠNÍČKA
MÄSO
POKLADNÍK
JEDLO
MISKA
NÔŽ
KUCHYŇA
DEZERT
INGREDIENCIE
JESŤ
MENU
CHLIEB
TANIER
PIKANTNÉ
KURA
REZERVÁCIA
OMÁČKA
OBRÚSOK

24 - Fantascienza

I	R	F	Z	L	Y	T	O	B	O	R	V	Y	G	F	W
M	E	A	N	C	N	Á	V	O	M	Ó	T	A	A	U	K
A	A	N	K	X	M	F	E	H	I	L	H	U	L	T	N
G	L	T	I	S	É	E	V	E	K	I	N	O	A	U	I
I	I	A	L	V	R	D	R	Ň	F	U	A	Y	X	R	H
N	S	S	Ú	E	T	A	J	O	M	N	Ý	Z	I	I	Y
Á	T	T	Z	T	X	A	I	V	N	J	U	T	A	S	O
R	I	I	I	L	E	O	W	P	Ý	V	H	G	K	T	R
N	C	C	A	J	J	K	S	P	O	B	N	J	C	I	A
Y	K	K	U	T	Ó	P	I	A	L	T	U	M	V	C	C
W	Ý	Ý	P	P	H	V	S	G	Z	A	S	C	D	K	L
T	E	C	H	N	O	L	Ó	G	I	A	N	Y	H	Ý	E
J	R	G	G	S	X	E	D	Z	Y	U	M	É	D	L	D
U	B	L	U	Y	K	J	X	F	M	O	L	D	T	Y	O
J	M	K	M	G	J	Y	P	G	Z	M	G	R	S	A	X
C	A	B	B	C	N	E	R	R	C	G	G	T	H	J	Z

ATÓMOVÁ
KINO
DYSTOPIA
VÝBUCH
EXTRÉMNY
FANTASTICKÝ
OHEŇ
FUTURISTICKÝ
GALAXIA
ILÚZIA

IMAGINÁRNY
KNIHY
TAJOMNÝ
SVET
ORACLE
PLANÉTA
REALISTICKÝ
ROBOTY
TECHNOLÓGIA
UTÓPIA

25 - Città

H	C	C	H	G	N	D	G	Y	L	P	S	L	A	J	U
O	O	Z	E	Z	F	I	H	A	X	E	C	Y	Y	X	N
T	F	L	R	H	F	V	E	K	L	S	K	W	F	W	G
E	Z	N	R	A	V	A	M	I	O	É	H	Á	S	S	J
L	T	R	V	T	U	D	S	N	K	V	R	N	R	P	I
M	I	N	T	I	V	L	E	O	B	A	T	I	H	E	N
Š	I	T	Y	Z	J	O	B	A	N	K	A	F	A	C	Ň
P	T	H	C	R	S	U	P	E	R	M	A	R	K	E	T
E	I	A	L	E	T	I	S	K	O	U	C	Z	I	L	L
K	L	O	D	V	B	Y	J	Y	Š	E	I	Y	N	Z	B
Á	O	H	O	I	F	D	G	H	K	Z	N	B	I	Z	A
R	Z	D	H	N	Ó	T	N	J	O	Ú	Ž	W	L	J	U
E	G	V	C	U	Y	N	O	I	L	M	I	V	K	B	J
Ň	V	X	B	F	O	L	I	F	A	W	N	T	G	U	Z
O	W	J	O	N	J	V	W	Z	X	R	K	M	V	D	I
K	N	Í	H	K	U	P	E	C	T	V	O	H	G	K	C

LETISKO
BANKA
KNIŽNICA
KINO
KLINIKA
LEKÁREŇ
GALÉRIA
HOTEL
KNÍHKUPECTVO
TRH
MÚZEUM
OBCHOD
PEKÁREŇ
ŠKOLA
ŠTADIÓN
SUPERMARKET
DIVADLO
UNIVERZITA
ZOO

26 - Fattoria #1

B	E	O	V	R	C	K	J	Y	B	P	N	T	R	Y	K
B	K	N	D	O	N	E	S	E	P	W	I	T	M	J	F
G	T	T	S	Á	D	E	M	F	F	K	R	K	B	D	P
I	P	X	H	M	N	A	D	Ô	P	X	Z	P	Y	C	O
W	O	P	J	A	L	E	Č	V	R	G	E	G	L	K	S
W	L	M	C	Č	R	Á	M	O	S	B	Z	R	A	Z	T
Ľ	E	D	Ŕ	K	P	G	O	E	K	X	L	M	K	O	O
K	O	Z	A	A	R	U	K	I	S	P	S	Z	R	D	X
S	V	H	V	Ž	A	Ľ	E	T	J	W	H	M	X	I	T
U	I	I	A	Y	S	C	A	X	V	R	B	O	V	W	U
R	J	A	R	R	A	N	Z	O	U	A	F	W	P	X	D
V	O	Y	K	Z	Y	D	J	V	S	K	C	H	M	H	D
S	N	L	W	Y	B	Z	U	K	J	M	U	M	Y	P	T
B	H	S	K	C	C	N	D	D	A	G	U	F	P	L	W
J	V	F	Z	Ô	U	N	A	H	X	G	L	Z	E	O	W
T	D	L	U	T	Ň	M	S	B	N	W	K	K	G	T	I

VODA
VČELA
SOMÁR
POLE
PES
KOZA
KÔŇ
HNOJIVO
SENO
MAČKA

KŔDEĽ
PRASA
MED
KRAVA
KURA
PLOT
RYŽA
SEMENÁ
PÔDA
TEĽA

27 - Psicologia

U	S	N	V	I	H	L	P	A	R	U	A	Y	H	I	T
H	Ý	Z	F	I	E	I	M	O	D	E	V	D	O	P	N
E	M	S	W	Ý	I	N	K	E	Z	L	A	A	T	I	E
V	O	R	X	K	N	O	W	I	D	N	X	P	L	T	R
T	D	P	B	C	E	H	A	N	Y	J	A	Á	P	S	F
R	E	A	L	I	T	A	U	A	N	Y	J	N	R	O	W
Z	V	P	P	N	O	I	J	V	N	G	E	V	I	N	V
T	E	O	K	I	N	Ť	S	O	N	B	O	S	O	E	N
E	N	C	E	L	D	U	W	N	D	F	M	Z	M	S	Í
R	Y	I	M	K	O	R	A	E	D	E	C	Y	U	Ú	M
A	L	T	M	F	H	Y	V	M	G	A	T	H	U	K	A
P	I	E	M	Ó	C	I	E	Y	W	O	L	S	H	S	N
I	Z	O	R	T	M	H	L	V	T	B	Y	W	T	N	I
A	S	P	R	Á	V	A	N	I	E	K	C	Y	P	V	E
K	O	N	F	L	I	K	T	P	R	O	B	L	É	M	O
M	Y	Š	L	I	E	N	K	Y	T	X	M	E	U	E	A

VYMENOVANIE
KLINICKÝ
POZNANIE
SPRÁVANIE
KONFLIKT
EGO
EMÓCIE
SKÚSENOSTI
NÁPADY
NEVEDOMÝ
DETSTVO
MYŠLIENKY
VNÍMANIE
OSOBNOSŤ
PROBLÉM
REALITA
POCIT
PODVEDOMIE
TERAPIA
HODNOTENIE

28 - Paesaggi

M	V	M	F	Y	Ú	D	O	L	I	E	M	O	R	E	K
S	O	O	S	T	R	O	V	O	F	Z	V	G	W	A	O
A	Z	Č	S	O	P	K	A	Y	H	U	N	O	R	U	P
P	I	Y	I	T	A	A	J	W	R	R	D	O	L	R	E
X	H	P	E	A	A	Z	J	E	O	G	A	D	T	J	C
D	T	D	K	Z	R	J	B	P	V	O	D	O	P	Á	D
E	R	U	N	U	D	N	D	P	Y	A	R	D	N	U	T
G	M	N	P	W	A	V	W	T	F	Z	D	E	V	X	O
X	E	Y	V	O	H	X	A	P	Ž	Á	L	P	Z	I	M
F	K	J	V	R	C	H	Ň	Ú	I	O	M	J	I	A	Z
R	M	T	Z	V	V	O	Y	Š	G	Y	V	N	U	K	J
O	K	D	I	Í	R	W	K	Ť	K	V	E	P	Z	E	W
O	J	I	V	O	R	T	S	O	L	O	P	T	L	I	A
E	I	S	R	G	H	E	A	A	O	C	E	Á	N	R	O
I	F	K	L	I	I	G	J	F	J	C	F	F	N	N	K
Ľ	A	D	O	V	E	C	U	L	V	M	R	J	V	V	C

VODOPÁD
KOPEC
PÚŠŤ
DUNY
RIEKA
GEJZÍR
ĽADOVEC
JASKYŇA
OSTROV
JAZERO

MORE
VRCH
OÁZA
OCEÁN
MOČIAR
POLOSTROV
PLÁŽ
TUNDRA
ÚDOLIE
SOPKA

29 - Energia

Ý	R	E	T	B	P	P	R	I	E	M	Y	S	E	L	F
K	O	B	C	A	W	A	T	F	A	N	G	Y	V	F	N
C	Z	E	A	T	K	J	L	F	M	S	I	B	L	O	D
I	O	N	D	É	P	I	F	I	L	Ý	Z	A	F	T	W
R	R	Z	Z	R	P	V	R	W	V	V	S	R	M	Ó	M
T	P	Í	O	I	P	A	E	F	X	O	K	K	O	N	K
K	U	N	K	A	V	E	I	D	E	R	T	S	O	R	P
E	J	R	B	O	Z	B	N	O	H	D	Y	K	V	E	S
L	D	O	B	O	L	P	E	T	R	A	Z	F	I	L	E
E	Y	P	W	Í	Z	P	T	K	R	J	T	I	E	E	T
V	O	D	Í	K	N	G	S	S	G	O	E	Y	T	K	M
H	J	D	G	Z	Y	A	I	V	A	N	P	Z	O	T	D
U	H	L	Í	K	O	S	Č	A	E	I	K	I	R	R	N
W	H	J	E	C	R	H	E	S	O	E	Z	X	A	Ó	D
M	O	T	O	R	P	V	N	F	N	M	V	U	K	N	H
P	A	R	A	G	G	G	Z	W	Y	N	P	V	E	G	X

PROSTREDIE
BATÉRIA
BENZÍN
TEPLO
UHLÍK
PALIVO
NAFTA
ELEKTRICKÝ
ELEKTRÓN
ENTROPIA
FOTÓN
VODÍK
PRIEMYSEL
ZNEČISTENIE
MOTOR
JADROVÝ
TURBÍNA
PARA
VIETOR

30 - Ristorante #2

V	P	E	B	D	V	W	F	D	P	O	Z	A	K	N	T
O	Ľ	O	S	M	R	N	I	K	R	C	B	F	H	C	X
O	W	M	L	G	J	B	W	Í	E	U	V	M	E	N	T
O	V	D	P	I	Y	I	Ý	N	D	O	H	A	L	P	O
W	H	O	E	W	E	S	K	Š	J	R	T	V	Y	F	U
B	N	J	C	V	Z	V	X	A	E	G	Y	Z	K	B	Y
U	E	I	J	I	E	R	K	Č	D	Ľ	A	D	O	Z	X
V	B	V	B	Y	E	C	M	A	L	L	U	P	R	U	V
I	J	O	P	Á	N	M	Y	K	O	Y	O	L	E	T	C
D	A	D	M	O	B	V	O	U	L	Ž	R	L	N	S	L
L	D	A	K	Č	I	L	O	T	S	I	Y	O	I	A	O
I	S	I	T	G	V	P	K	O	I	C	B	Y	E	B	F
C	L	C	Á	R	K	P	P	B	K	A	Y	L	T	A	D
A	Y	J	L	L	O	W	E	E	V	E	Č	E	R	A	S
R	T	A	A	J	S	T	O	D	S	A	Y	Z	M	S	L
P	C	V	Š	Z	E	L	E	N	I	N	A	S	M	T	F

VODA
PREDJEDLO
NÁPOJ
ČAŠNÍK
VEČERA
LYŽICA
LAHODNÝ
VIDLICA
OVOCIE
ĽAD
ŠALÁT
POLIEVKA
RYBY
OBED
SOĽ
STOLIČKA
KORENIE
TORTA
VAJCIA
ZELENINA

31 - L'Azienda

P	E	I	T	U	N	D	O	H	Z	O	R	P	P	P	I
M	J	E	Á	K	I	Z	I	R	Z	E	C	R	R	R	N
M	O	Y	S	O	W	F	G	V	V	I	K	Í	O	O	V
Z	R	Ž	K	R	E	A	T	Í	V	N	Y	J	F	D	E
D	D	G	N	K	L	K	G	J	W	A	D	M	E	U	S
Y	Z	F	N	O	E	O	L	E	C	N	N	Y	S	K	T
P	J	V	K	P	S	W	O	D	P	T	E	N	I	T	Í
Z	S	O	K	W	Y	Ť	B	N	V	S	R	V	O	W	C
K	F	G	G	J	M	S	Á	O	R	E	T	Í	N	E	I
L	V	L	I	Z	E	E	L	T	B	M	G	T	Á	S	A
M	C	A	B	X	I	V	N	K	E	A	Y	A	L	V	X
L	M	H	L	I	R	O	Y	Y	D	Z	K	V	N	J	I
F	Z	X	I	I	P	P	V	R	I	P	S	O	Y	C	J
Z	O	M	O	I	T	M	F	N	K	Y	K	N	X	L	I
N	T	V	E	U	V	A	I	B	L	S	I	I	V	G	C
P	R	E	Z	E	N	T	Á	C	I	A	G	C	P	J	Z

KREATÍVNY
ROZHODNUTIE
GLOBÁLNY
PRIEMYSEL
INOVATÍVNY
INVESTÍCIA
ZAMESTNANIE
MOŽNOSŤ
PREZENTÁCIA
PRODUKT
PROFESIONÁLNY
POKROK
KVALITA
PRÍJMY
POVESŤ
RIZIKÁ
ZDROJE
MZDY
TRENDY
JEDNOTKY

32 - Giardino

J	I	L	I	M	O	R	T	S	P	X	S	L	H	K	J
S	G	K	P	O	Y	H	Y	D	E	E	L	V	O	U	C
C	X	I	J	V	Y	Y	K	B	A	I	N	I	J	P	F
I	H	N	T	R	Á	V	A	Z	N	Y	B	N	D	R	G
I	O	V	S	U	N	I	D	F	Í	Í	H	I	A	J	R
O	K	Á	E	Z	P	P	Ô	C	L	T	K	Č	C	K	H
T	E	R	A	S	A	Z	P	L	O	B	E	S	I	U	R
O	J	T	D	K	I	P	L	F	P	O	K	G	A	R	A
L	L	Z	A	R	Č	D	T	G	M	U	U	F	S	D	B
P	F	X	R	G	O	I	E	K	A	D	R	K	I	N	L
A	V	T	H	L	G	I	V	I	R	E	I	S	E	Y	E
E	W	E	Á	A	G	M	K	A	T	F	M	A	Ť	B	W
U	B	A	Z	G	D	Y	E	F	L	R	K	D	F	D	J
B	N	H	N	Y	N	I	R	U	B	L	O	P	A	T	A
U	M	F	W	U	R	Z	C	H	U	E	H	U	H	I	V
E	X	S	G	A	R	Á	Ž	A	A	L	T	I	Z	X	B

STROM
HOJDACIA SIEŤ
KER
TRÁVA
BURINY
KVET
SAD
GARÁŽ
ZÁHRADA
LOPATA
LAVIČKA
TRÁVNIK
HRABLE
PLOT
RYBNÍK
PÔDA
TERASA
TRAMPOLÍNA
HADICA
VINIČ

33 - Riscaldamento Globale

B	D	H	P	E	I	C	Á	L	U	P	O	P	K	M	T
U	L	L	R	O	N	A	R	K	T	I	C	K	Ý	E	Y
D	Y	K	I	W	N	E	V	L	Á	D	A	J	D	D	Z
Ú	G	W	E	C	Y	I	R	F	M	W	K	V	R	Z	V
C	C	D	M	B	L	B	N	G	U	U	R	P	V	I	G
N	G	Y	Y	V	P	E	P	X	I	A	L	Y	Ý	N	G
O	T	D	S	C	E	S	G	G	X	A	M	N	V	Á	E
S	E	C	E	F	U	D	L	I	S	I	B	I	O	R	N
Ť	P	J	L	J	B	X	E	H	S	C	X	T	J	O	E
L	L	E	C	K	I	K	T	C	U	L	W	L	K	D	R
N	O	T	F	L	O	R	T	L	Ú	S	A	K	D	N	Á
Y	T	C	Y	Í	T	Í	N	K	D	I	A	T	K	Ý	C
M	Y	R	G	M	O	Z	D	Z	A	R	E	T	Í	C	I
I	D	G	B	A	P	A	M	O	J	X	L	C	T	V	E
P	O	Z	O	R	N	O	S	Ť	E	O	O	Z	Z	X	A
P	B	S	F	V	E	K	O	L	O	G	I	C	K	Ý	O

EKOLOGICKÝ
ARKTICKÝ
POZORNOSŤ
KLÍMA
KRÍZA
ÚDAJE
ENERGIA
BUDÚCNOSŤ
PLYN
GENERÁCIE
VLÁDA
BIOTOP
PRIEMYSEL
MEDZINÁRODNÝ
LEGISLATÍVA
TERAZ
POPULÁCIE
VEDEC
VÝVOJ
TEPLOTY

34 - Frutta

O	N	Z	O	R	H	E	M	L	I	B	A	N	Á	N	M
R	E	H	N	D	L	N	A	D	T	A	G	H	L	A	M
A	K	U	V	C	L	I	N	T	G	R	I	C	M	E	A
N	I	T	N	K	N	Z	G	F	L	N	F	S	V	H	O
Ž	V	A	Ň	Y	K	S	O	R	B	M	P	E	Z	U	K
O	I	S	Y	L	J	I	N	Z	M	J	A	B	L	K	O
V	E	W	O	X	D	L	F	A	X	W	N	Y	H	C	A
Ý	A	H	J	W	P	O	S	W	A	S	I	Z	R	I	N
P	A	P	Á	J	A	M	A	R	H	U	L	E	U	T	A
A	E	K	E	Y	P	O	B	Ň	H	X	A	C	Š	R	N
H	V	N	V	O	R	L	O	V	Š	T	M	I	K	Ó	Á
X	E	O	G	I	E	E	B	G	R	E	M	N	A	N	S
K	A	C	K	P	L	B	U	O	Z	F	R	R	O	Ó	P
O	C	D	G	Á	A	S	L	L	P	E	L	E	P	L	G
L	I	M	K	Y	D	R	E	G	M	D	K	Č	Č	E	E
R	W	N	S	J	J	O	N	J	X	E	I	I	P	M	O

MARHULE
ANANÁS
ORANŽOVÝ
AVOKÁDO
BOBULE
BANÁN
ČEREŠŇA
FIGA
KIVI
MALINA

CITRÓN
MANGO
JABLKO
MELÓN
ČERNICE
PAPÁJA
HRUŠKA
BROSKYŇA
SLIVKA
HROZNO

35 - Fattoria #2

U	R	V	K	V	X	L	P	X	A	G	Z	H	U	E	L
T	V	S	V	V	B	J	Ú	A	M	A	L	M	Y	I	X
J	A	H	Ň	A	H	R	Z	K	S	N	T	H	D	N	P
F	E	R	W	N	U	L	N	R	A	T	V	F	N	A	G
Ú	D	T	H	G	S	M	D	E	P	E	I	C	O	V	O
Ľ	H	M	I	F	I	S	I	E	Š	A	P	E	T	O	B
Z	V	I	E	R	A	T	Á	T	E	C	V	O	R	Ž	M
S	T	O	D	O	L	A	V	B	N	J	L	L	L	A	T
M	L	I	E	K	O	L	K	O	I	M	I	D	Z	L	D
K	A	F	A	R	M	Á	R	J	C	C	Z	E	J	V	J
A	J	D	T	N	N	F	A	O	A	E	W	J	A	A	J
Č	N	U	G	N	L	J	P	S	T	V	E	T	Č	Z	U
I	R	I	B	I	I	S	A	H	L	K	G	B	M	V	D
C	D	K	U	K	U	R	I	C	A	S	A	J	E	Y	Y
A	W	N	E	C	B	S	R	R	X	A	P	R	Ň	X	N
H	F	T	R	I	A	L	C	I	J	D	E	J	T	R	L

JAHŇA
FARMÁR
ÚĽ
KAČICA
ZVIERATÁ
JEDLO
STODOLA
OVOCIE
SAD
PŠENICA
ZAVLAŽOVANIE
LAMA
MLIEKO
KUKURICA
HUSI
JAČMEŇ
PASTIER
OVCE
LÚKA
TRAKTOR

36 - Verdure

F	G	O	H	L	C	R	M	L	F	E	R	B	B	Z	F
T	E	K	V	I	C	A	R	O	V	Z	Á	Z	R	N	P
S	M	H	R	A	C	H	K	A	I	M	E	Z	O	G	A
S	B	G	P	K	U	C	V	H	V	U	P	B	K	P	T
R	M	I	I	V	L	H	A	Z	E	L	E	R	O	U	G
K	K	L	T	O	H	K	O	Č	I	T	R	A	L	K	E
P	P	P	J	K	Y	T	L	R	D	D	R	B	I	P	M
W	A	J	S	Ď	U	G	Y	O	K	P	C	U	C	E	G
G	Ľ	R	M	E	L	F	N	T	N	A	E	H	A	T	F
A	U	A	A	R	Z	K	Z	S	Á	M	S	O	P	R	R
P	B	W	K	D	U	O	G	Z	Ž	L	N	V	G	Ž	D
I	I	B	T	V	A	S	P	H	A	P	A	K	D	L	P
W	C	G	O	T	U	J	H	O	L	I	K	Š	I	E	Y
V	S	D	L	D	F	L	K	B	K	B	R	K	I	N	K
H	C	O	A	I	P	D	M	A	A	K	V	A	K	A	L
Y	A	X	Š	C	J	P	T	J	B	Š	P	E	N	Á	T

CESNAK
BROKOLICA
ARTIČOK
MRKVA
UHORKA
CIBUĽA
HUBA
ŠALÁT
BAKLAŽÁN
ZEMIAK
HRACH
PARADAJKA
PETRŽLEN
KVAKA
REĎKOVKA
ŠALOTKA
ZELER
ŠPENÁT
ZÁZVOR
TEKVICA

37 - Musica

T	T	K	R	U	P	Y	L	W	E	Y	W	Ý	X	H	S
J	E	G	Y	T	J	P	C	B	B	T	N	K	S	A	Ú
U	C	M	B	S	O	B	S	N	B	N	L	C	E	R	L
M	X	L	P	F	X	M	M	E	L	Ó	D	I	A	M	A
D	G	I	J	O	E	F	I	Ý	W	G	S	M	S	O	D
H	U	D	O	B	N	Í	K	K	C	N	K	T	P	N	S
N	J	R	R	M	É	L	I	C	R	S	K	Y	E	I	P
A	W	Y	T	J	R	X	P	I	F	O	V	R	V	C	I
H	A	T	S	G	F	R	D	S	C	P	F	E	Á	K	E
R	F	M	Á	F	E	H	H	A	F	B	I	Ó	K	Ý	V
Á	X	U	N	G	R	C	Z	L	I	V	Y	W	N	K	A
V	M	S	R	O	V	L	Á	K	I	Z	U	M	A	C	Ť
A	O	N	X	P	P	O	E	T	I	C	K	Ý	V	I	G
N	V	F	M	E	A	L	B	U	M	H	P	C	E	R	A
I	F	M	K	R	B	A	L	A	D	A	R	S	V	Y	B
E	T	O	M	A	O	R	M	M	E	O	A	V	I	L	S

ALBUM
SÚLAD
HARMONICKÝ
BALADA
SPEVÁK
SPIEVAŤ
KLASICKÝ
REFRÉN
LYRICKÝ
MELÓDIA
MIKROFÓN
MUZIKÁL
HUDOBNÍK
OPERA
POETICKÝ
NAHRÁVANIE
RYTMICKÝ
RYTMUS
NÁSTROJ
TEMPO

38 - Barbecue

P	A	R	A	D	A	J	K	Y	H	F	U	A	O	K	D
P	G	N	O	S	F	I	V	C	M	C	O	E	G	V	W
O	M	Á	Č	K	A	G	M	F	Z	D	T	I	Y	O	D
I	N	M	L	H	O	R	Ú	C	I	V	E	Č	E	R	A
S	R	C	F	O	B	P	B	R	C	Y	L	K	P	R	H
P	O	H	U	D	B	A	P	A	P	R	I	K	A	O	O
O	S	Ľ	O	L	N	R	K	Ľ	W	R	R	Y	M	D	V
Z	U	Z	X	B	Y	U	Y	U	A	L	G	Z	E	I	O
V	S	N	N	G	E	K	L	B	Z	S	V	S	G	N	C
Á	G	P	P	T	Ž	D	A	I	N	B	B	R	W	A	I
N	G	U	H	C	O	A	W	C	Š	A	L	Á	T	Y	E
K	H	H	B	P	N	L	Y	E	G	F	O	R	C	S	J
A	A	Z	D	G	Y	H	J	T	H	X	T	E	B	T	E
W	J	O	Z	R	A	A	Y	X	D	I	B	R	V	Z	D
W	T	K	O	G	X	K	F	B	N	R	W	E	J	I	L
K	L	W	F	B	A	U	K	U	W	O	B	T	X	Z	O

HORÚCI
VEČERA
JEDLO
CIBUĽA
NOŽE
LETO
HLAD
RODINA
OVOCIE
HRY

GRIL
ŠALÁTY
POZVÁNKA
HUDBA
PAPRIKA
KURA
PARADAJKY
OBED
SOĽ
OMÁČKA

39 - Insetti

K	O	J	R	K	K	O	M	Á	R	I	M	O	C	J	V
Z	A	O	N	Y	T	F	O	H	M	O	X	H	I	V	K
H	P	P	H	U	R	W	S	L	Y	S	J	O	K	Á	Y
Č	Ň	Y	K	S	N	Á	J	O	T	Ä	V	S	Á	Ž	X
S	E	C	J	J	X	C	A	N	T	B	F	A	D	K	W
V	Š	R	T	G	H	D	L	E	M	L	T	K	A	A	V
H	R	O	V	F	Z	B	P	C	O	C	H	Š	Y	X	B
X	S	M	Z	X	G	W	S	T	T	H	P	O	I	S	U
V	F	T	Š	L	A	R	V	A	Ý	A	Z	V	S	F	O
M	C	K	V	Z	O	X	V	A	Ľ	G	M	M	M	J	E
C	R	T	Á	F	F	O	Č	F	G	M	A	Z	Y	G	C
M	O	A	B	B	E	P	E	F	N	I	N	E	G	K	V
Y	N	E	V	T	O	I	L	R	N	H	T	D	R	M	J
Y	M	X	C	E	W	R	A	B	L	T	I	M	R	E	T
T	P	E	W	L	C	I	H	Z	N	I	S	K	E	B	P
R	L	I	E	N	K	A	J	C	K	O	B	Y	L	K	A

VOŠKA
VČELA
SRŠEŇ
KOBYLKA
CIKÁDA
LIENKA
CHROBÁK
MOR
MOTÝĽ
MRAVEC
LARVA
VÁŽKA
SVÄTOJÁNSKY
MANTIS
BLCHA
ŠVÁB
TERMIT
ČERV
OSA
KOMÁR

40 - Fisica

C	N	R	E	N	D	V	O	N	V	I	S	S	Z	V	E
E	H	Z	E	Y	S	T	N	B	O	L	S	D	R	G	L
R	E	E	H	L	O	S	B	N	Z	F	G	W	Ý	S	E
O	M	F	M	P	A	I	Z	N	A	P	X	E	C	U	K
Z	L	Z	Ó	I	H	T	M	B	R	O	J	B	H	M	T
V	C	O	T	O	C	X	I	O	T	D	U	N	L	Z	R
K	M	G	A	S	S	K	R	V	L	S	O	E	E	I	Ó
Č	A	S	T	I	C	A	Ý	L	I	E	O	S	N	T	N
G	R	A	V	I	T	Á	C	I	A	T	K	Y	I	E	L
U	N	I	V	E	R	Z	Á	L	N	Y	A	U	E	N	E
F	R	E	K	V	E	N	C	I	A	Z	N	G	L	G	M
H	U	S	T	O	T	A	K	I	Ý	V	O	R	D	A	J
M	E	C	H	A	N	I	K	A	F	Z	C	M	J	M	V
H	J	M	E	L	J	I	Y	B	I	J	S	Y	M	V	A
X	I	H	I	O	F	A	G	Y	T	V	N	P	Y	L	G
M	O	T	O	R	R	Ý	C	H	L	O	S	Ť	P	Z	C

ZRÝCHLENIE
ATÓM
CHAOS
CHEMICKÝ
HUSTOTA
ELEKTRÓN
EXPANZIA
VZOREC
FREKVENCIA
PLYN
GRAVITÁCIA
MAGNETIZMUS
MECHANIKA
MOLEKULA
MOTOR
JADROVÝ
ČASTICA
RELATIVITA
UNIVERZÁLNY
RÝCHLOSŤ

41 - Agronomia

E	P	M	A	R	M	S	V	F	O	R	R	I	I	E	J
H	N	V	B	E	F	E	H	S	V	R	P	U	D	V	I
K	C	E	O	T	V	M	U	K	S	Ý	V	P	E	D	T
R	N	M	R	I	O	E	H	K	L	V	C	Ô	N	L	A
Y	F	D	Ý	G	V	N	R	A	S	T	H	D	T	W	J
G	T	K	V	X	I	Á	V	O	D	A	T	A	I	H	J
G	E	C	V	R	J	A	D	E	V	N	S	A	F	C	V
G	R	Ť	A	V	O	D	U	T	Š	H	K	Y	I	Ý	V
V	Ó	X	I	T	N	I	V	E	W	U	G	G	K	K	A
I	Z	E	H	Y	H	S	B	C	F	A	L	S	Á	C	S
D	I	Z	N	E	Č	I	S	T	E	N	I	E	C	I	Y
I	A	I	G	Ó	L	O	K	E	O	J	B	R	I	N	I
E	C	H	O	R	O	B	Y	F	G	X	E	N	A	A	T
C	P	R	O	S	T	R	E	D	I	E	L	D	E	G	X
K	T	Z	G	F	T	F	O	B	D	W	J	C	L	R	J
Y	M	É	T	S	Y	S	A	N	L	J	U	S	C	O	J

VODA
PROSTREDIE
JEDLO
RAST
EKOLÓGIA
ENERGIA
ERÓZIA
HNOJIVO
IDENTIFIKÁCIA
ZNEČISTENIE
CHOROBY
ORGANICKÝ
VÝROBA
VÝSKUM
VIDIECKY
VEDA
SEMENÁ
SYSTÉMY
ŠTUDOVAŤ
PÔDA

42 - Erboristeria

Z	G	E	W	B	L	P	P	Z	U	R	R	W	O	C	L
V	K	S	Y	C	R	W	B	E	Á	R	E	D	B	E	E
A	U	T	G	G	V	R	C	V	T	H	C	S	O	S	V
D	C	R	O	R	E	G	A	N	O	R	R	C	Y	N	A
D	H	A	Y	A	S	U	Z	R	W	H	Ž	A	M	A	N
O	Á	G	B	C	R	F	N	G	Z	Z	Z	L	D	K	D
Z	R	Ó	U	E	K	O	M	R	I	N	E	E	E	A	U
L	S	N	X	O	U	M	M	K	F	K	L	K	F	N	Ľ
O	K	A	A	O	W	Ä	U	A	J	J	E	I	J	V	A
Ž	Y	R	G	U	X	T	O	K	T	U	N	N	P	S	C
K	T	F	Z	J	T	A	R	L	E	I	Á	E	C	R	P
A	A	A	C	A	T	I	L	A	V	K	C	F	O	F	V
Y	J	Š	J	O	M	E	A	Z	K	F	M	K	O	F	G
T	Y	M	I	A	N	Í	R	A	M	Z	O	R	Ý	S	R
M	A	J	O	R	Á	N	A	B	K	Ô	P	O	R	P	E
M	D	J	B	R	T	I	Z	Y	F	U	Z	L	P	D	W

CESNAK
KÔPOR
AROMATICKÝ
BAZALKA
KUCHÁRSKY
ESTRAGÓN
FENIKEL
KVET
ZÁHRADA
ZLOŽKA
LEVANDUĽA
MAJORÁN
MÄTA
OREGANO
PETRŽLEN
KVALITA
ROZMARÍN
TYMIAN
ZELENÁ
ŠAFRAN

43 - Biologia

S	X	S	K	P	S	D	V	O	E	V	B	E	N	I	F
Y	C	A	V	P	B	Y	P	Y	R	N	J	O	E	B	O
N	H	S	T	U	J	A	M	R	F	A	Z	S	R	R	T
A	N	H	E	N	K	I	H	B	Y	B	D	Ý	V	L	O
P	W	P	D	B	F	C	N	M	I	E	G	N	M	V	S
S	X	L	C	K	T	Á	R	E	N	Ó	U	V	Ó	Ý	Y
I	J	A	I	M	Ó	T	A	N	A	H	Z	Z	Z	V	N
A	A	Z	C	G	M	U	C	E	S	O	R	A	O	O	T
B	M	P	L	H	I	M	D	B	L	R	O	Z	M	J	É
U	N	C	J	O	M	A	Y	G	U	M	N	Ó	O	T	Z
N	É	E	I	R	É	T	K	A	B	Ó	Í	M	R	V	A
K	G	V	U	K	V	R	K	P	B	N	E	S	H	J	F
A	A	A	K	R	M	C	D	M	R	Z	T	O	C	D	X
B	L	C	H	M	Ó	T	L	F	X	X	O	X	C	B	R
F	O	I	B	S	Ý	N	E	Z	D	O	R	I	R	P	J
F	K	C	N	Y	I	O	I	J	J	K	P	Y	P	G	R

ANATÓMIA
BAKTÉRIE
BUNKA
KOLAGÉN
CHROMOZÓM
EMBRYO
ENZÝM
VÝVOJ
FOTOSYNTÉZA
CICAVEC
MUTÁCIA
PRIRODZENÝ
NERV
NEURÓN
HORMÓN
OSMÓZA
PROTEÍN
PLAZ
SYMBIÓZA
SYNAPSIA

44 - Attività Commerciale

Ú	N	G	I	Z	A	Z	E	U	M	A	T	A	U	F	M
R	M	H	K	A	D	A	I	C	Í	T	S	E	V	N	I
A	A	E	W	M	Ň	M	E	J	Í	R	P	T	D	K	D
D	N	V	Z	E	K	E	S	X	K	K	C	D	X	B	R
K	I	L	O	S	A	S	R	A	I	Y	B	I	D	X	K
H	K	R	C	T	Z	T	Z	Á	L	B	G	K	W	Z	N
M	V	R	E	N	P	N	G	I	V	X	H	X	T	K	S
R	E	P	J	Á	P	A	K	I	M	O	N	O	K	E	P
O	K	N	B	V	E	N	L	K	B	Z	T	R	D	W	O
Z	A	Z	A	A	N	E	N	Á	K	L	A	D	Y	C	L
P	R	Ľ	U	T	I	C	F	H	O	B	C	H	O	D	O
O	I	A	J	E	A	I	C	K	A	S	N	A	R	T	Č
Č	É	V	N	Ľ	Z	C	W	S	L	I	N	D	R	U	N
E	R	A	Z	R	E	P	S	I	P	R	E	D	A	J	O
T	A	Z	I	C	D	Z	K	Z	K	F	O	I	L	R	S
F	I	N	A	N	C	I	E	T	H	W	O	O	Y	R	Ť

ROZPOČET
KARIÉRA
NÁKLADY
ZAMESTNÁVATEĽ
ZAMESTNANEC
EKONOMIKA
TOVÁREŇ
FINANCIE
INVESTÍCIA
TOVAR
OBCHOD
ZISK
PRÍJEM
ZĽAVA
SPOLOČNOSŤ
PENIAZE
TRANSAKCIA
ÚRAD
MENA
PREDAJ

45 - Fiori

Z	M	F	T	I	N	R	W	U	L	T	Z	P	D	E	A
L	A	K	S	Á	R	K	O	M	D	E	S	L	X	E	N
P	K	T	G	I	Y	G	W	V	R	U	J	R	J	B	J
W	L	S	L	N	E	Č	N	I	C	A	Ž	U	R	J	A
Y	T	U	Z	M	F	J	S	N	C	L	J	R	B	A	Z
A	X	E	M	W	Ľ	P	I	J	M	J	J	G	O	I	M
K	N	D	H	E	W	A	Ľ	U	D	N	A	V	E	L	Í
N	Á	V	O	G	R	O	L	S	B	O	I	O	G	Ó	N
O	Z	D	Ď	L	J	I	X	I	D	R	N	Z	A	N	T
V	E	R	F	A	Y	O	A	C	A	C	É	O	K	G	U
I	V	I	L	Y	T	J	I	R	U	H	D	P	Y	A	L
P	U	D	I	D	B	E	B	A	K	I	R	Ú	T	M	I
I	B	I	Š	T	E	K	L	N	S	D	A	P	I	K	P
S	T	L	Y	O	V	K	O	I	P	E	G	A	C	M	Á
V	L	Í	S	T	O	K	H	B	N	A	G	V	A	X	N
P	J	I	L	D	M	T	U	N	O	A	G	A	I	L	O

PÚPAVA
GARDÉNIA
JAZMÍN
ĽALIA
SLNEČNICA
IBIŠTEK
LEVANDUĽA
ORGOVÁN
MAGNÓLIA
SEDMOKRÁSKA

KYTICA
NARCIS
ORCHIDEA
MAK
PIVONKA
LÍSTOK
PLUMERIA
RUŽA
ĎATELINA
TULIPÁN

46 - Filantropia

S	N	O	E	J	R	U	P	Ľ	U	D	S	T	V	O	V
J	K	A	T	I	N	U	M	O	K	Z	N	Y	D	L	A
I	D	U	U	M	T	P	Y	T	C	M	K	A	M	T	Y
V	B	W	P	O	T	O	N	D	Ť	T	E	X	C	K	X
O	E	P	L	I	C	N	G	U	S	D	I	R	V	K	Z
Y	T	K	A	T	N	O	K	W	O	C	B	V	J	N	T
O	R	O	E	E	S	Y	N	T	N	I	M	M	O	R	R
M	Y	Ž	E	D	Á	L	M	J	J	E	I	D	P	S	R
Š	T	E	D	R	O	S	Ť	A	E	L	S	L	F	E	Ť
W	D	G	E	Y	U	F	E	I	R	E	I	A	O	G	U
G	L	O	B	Á	L	N	Y	D	E	G	A	O	N	T	X
K	T	L	J	F	G	O	E	U	V	W	O	E	D	Z	B
F	I	N	A	N	C	I	E	Ľ	C	E	C	R	Y	F	G
R	Y	R	F	P	B	F	U	P	A	G	Z	Y	P	T	E
V	Ý	Z	V	Y	P	O	T	R	E	B	O	V	A	Ť	F
C	H	A	R	I	T	A	I	R	Ó	T	S	I	H	R	A

DETI
POTREBOVAŤ
CHARITA
KOMUNITA
KONTAKTY
FINANCIE
FONDY
ŠTEDROSŤ
MLÁDEŽ
GLOBÁLNY
SKUPINY
MISIA
CIELE
POCTIVOSŤ
ĽUDIA
PROGRAMY
VEREJNOSŤ
VÝZVY
HISTÓRIA
ĽUDSTVO

47 - Ecologia

U	Y	I	X	Z	U	D	R	Ž	A	T	E	Ľ	N	Ý	O
Y	N	W	E	D	P	V	R	Y	N	L	Á	B	O	L	G
K	I	C	V	R	R	E	Ô	T	U	X	A	O	X	D	K
P	L	H	Z	O	I	G	Z	P	A	H	A	V	O	P	H
U	T	Í	L	J	R	E	N	R	F	T	L	B	I	J	O
H	S	P	M	E	O	T	O	E	V	T	I	M	W	C	R
Y	A	F	N	A	D	Á	R	Ž	C	Z	M	B	B	U	Y
R	R	Z	G	R	Z	C	O	I	S	Z	I	O	A	G	G
E	A	Z	A	Ó	E	I	D	T	I	R	X	X	K	H	W
O	I	L	M	L	N	A	O	I	R	D	E	V	L	J	E
G	Č	E	C	F	Ý	I	S	E	N	G	L	Z	Y	L	P
J	O	B	A	D	M	B	Ť	V	C	E	S	X	O	P	Z
S	M	S	Y	I	X	H	Y	Y	T	I	N	U	M	O	K
D	O	B	R	O	V	O	Ľ	N	Í	C	I	M	C	E	F
D	R	U	H	I	H	Z	H	P	O	G	E	L	D	H	H
P	F	F	B	C	H	W	X	V	M	O	R	S	K	Ý	O

KLÍMA
KOMUNITY
RÔZNORODOSŤ
FAUNA
FLÓRA
GLOBÁLNY
HABITAT
MORSKÝ
HORY
POVAHA
PRIRODZENÝ
MOČIAR
RASTLINY
ZDROJE
SUCHO
PREŽITIE
UDRŽATEĽNÝ
DRUH
VEGETÁCIA
DOBROVOĽNÍCI

48 - Discipline Scientifiche

A	R	L	B	G	A	S	A	N	A	T	Ó	M	I	A	G
R	P	A	I	G	Ó	L	O	K	E	R	A	A	G	Y	E
C	A	I	A	P	X	M	K	C	A	K	I	G	W	P	O
H	V	T	K	A	K	I	T	S	I	V	G	N	I	L	L
E	A	K	I	N	A	H	C	E	M	O	Ó	S	K	M	Ó
O	K	J	N	Y	C	I	K	C	É	Z	L	L	Z	A	G
L	A	Y	A	A	M	N	B	S	H	W	A	Ó	A	V	I
Ó	H	X	T	I	J	X	M	K	C	E	R	C	G	G	A
G	N	G	O	G	M	L	V	E	O	T	E	U	G	I	G
I	A	F	B	Ó	P	G	E	G	I	U	N	H	V	G	A
A	I	G	Ó	L	O	I	B	D	B	C	I	C	U	Y	V
I	M	U	N	O	L	Ó	G	I	A	E	M	W	B	E	J
X	I	J	R	I	J	N	E	U	R	O	L	Ó	G	I	A
O	W	G	N	Z	A	S	T	R	O	N	Ó	M	I	A	B
U	E	N	I	Y	P	S	Y	C	H	O	L	Ó	G	I	A
D	R	I	V	F	C	H	É	M	I	A	N	T	Y	V	V

ANATÓMIA
ARCHEOLÓGIA
ASTRONÓMIA
BIOCHÉMIA
BIOLÓGIA
BOTANIKA
CHÉMIA
EKOLÓGIA
FYZIOLÓGIA
GEOLÓGIA
IMUNOLÓGIA
LINGVISTIKA
MECHANIKA
MINERALÓGIA
NEUROLÓGIA
PSYCHOLÓGIA
SOCIOLÓGIA

49 - Scienza

D	M	W	U	J	Z	M	V	E	E	C	I	T	S	A	Č
W	V	B	V	Y	O	I	O	Z	X	U	R	K	G	D	H
X	K	B	H	C	S	N	F	A	P	W	P	A	R	Ó	D
O	S	Z	C	E	D	E	V	I	E	E	H	F	A	T	R
R	R	M	Ó	T	A	R	X	G	R	I	Y	N	V	E	V
M	H	G	U	Y	H	Á	O	P	I	N	P	D	I	M	L
G	O	F	A	I	U	L	E	K	M	A	O	D	T	C	M
K	K	O	H	N	R	Y	B	L	E	V	T	T	Á	V	X
P	H	S	A	X	I	Ó	M	Í	N	O	É	C	C	G	B
E	U	Í	V	K	J	Z	T	M	T	R	Z	Z	I	D	L
P	H	L	O	X	Y	V	M	A	K	O	A	L	A	F	L
T	F	N	P	C	Y	L	Ý	U	R	Z	K	U	K	Y	K
R	L	E	J	A	D	Ú	L	V	S	O	H	X	W	Z	V
C	H	E	M	I	C	K	Ý	L	O	P	B	V	L	I	K
M	O	L	E	K	U	L	Y	K	S	J	G	A	W	K	C
W	O	W	C	E	I	M	K	Y	J	U	L	Z	L	A	O

ATÓM
CHEMICKÝ
KLÍMA
ÚDAJE
EXPERIMENT
VÝVOJ
FAKT
FYZIKA
FOSÍLNE
GRAVITÁCIA

HYPOTÉZA
LABORATÓRIUM
METÓDA
MINERÁLY
MOLEKULY
POVAHA
ORGANIZMUS
POZOROVANIE
ČASTICE
VEDEC

50 - Imbarcazioni

P	B	G	I	D	Z	A	M	J	F	I	J	T	V	P	J
Y	O	D	S	A	S	O	R	E	Z	A	J	X	C	F	A
I	B	S	W	H	G	D	C	N	I	A	V	T	O	K	C
Z	N	M	Á	G	H	O	P	E	F	C	J	S	S	D	H
G	S	Á	T	D	H	H	R	O	Á	I	Y	M	T	O	T
U	P	Y	M	X	K	B	Í	N	Y	N	L	V	O	E	A
B	E	X	D	O	N	A	L	A	F	T	L	U	Ž	I	K
Ó	C	C	D	J	R	P	I	K	Y	E	Y	W	I	K	E
J	H	G	I	V	O	N	V	E	U	H	I	K	A	A	I
A	N	Z	B	S	T	K	Ý	T	C	C	O	O	R	N	R
Z	Z	A	I	A	O	A	R	C	Z	A	L	V	D	F	R
W	Z	S	B	V	M	J	H	X	H	L	W	W	L	X	Y
C	A	N	E	T	A	A	N	E	D	P	K	C	F	M	J
H	C	H	R	G	T	K	E	J	A	R	T	F	A	R	J
N	Á	M	O	R	N	Í	K	S	P	R	I	N	I	L	Y
F	F	S	M	S	N	M	U	J	Y	I	P	E	I	B	C

STOŽIAR
KOTVA
PLACHETNICA
BÓJA
KANOE
LANO
POSÁDKA
RIEKA
KAJAK
JAZERO
MORE
PRÍLIV
NÁMORNÍK
MOTOR
NÁMORNÝCH
OCEÁN
VLNY
TRAJEKT
JACHTA
RAFT

51 - Chimica

J	A	D	R	O	V	Ý	M	O	L	E	K	U	L	A	E
O	S	E	I	W	O	H	G	P	T	E	P	L	O	V	L
G	K	C	O	J	V	G	A	Ý	F	L	C	N	J	O	E
V	D	H	B	X	V	J	N	K	Í	L	S	Y	K	D	K
N	Y	L	P	S	D	E	I	C	Z	Z	M	A	Í	Í	T
T	B	Ó	A	L	K	A	L	I	C	K	Ý	X	L	K	R
U	E	R	N	S	O	L	A	N	A	A	M	W	H	H	Ó
K	P	P	H	K	E	R	P	A	R	K	D	C	U	O	N
A	Y	B	L	P	A	Á	A	G	K	X	G	Z	V	E	X
D	M	S	Z	O	S	U	V	R	P	L	H	L	M	C	B
M	P	K	E	X	T	Y	K	O	F	A	C	C	G	C	Y
K	U	D	G	L	T	A	T	H	M	Ý	Z	N	E	H	D
D	B	L	C	N	I	B	I	U	O	Ó	N	F	Ľ	G	I
I	Ó	N	N	N	I	N	I	H	M	O	T	N	O	S	Ť
R	O	T	Á	Z	Y	L	A	T	A	K	A	A	S	J	E
D	L	F	U	S	X	I	Y	C	E	W	B	J	J	C	D

KYSELINA
ALKALICKÝ
ATÓMOVÁ
TEPLO
UHLÍK
KATALYZÁTOR
CHLÓR
ELEKTRÓN
ENZÝM
PLYN
VODÍK
IÓN
KVAPALINA
MOLEKULA
JADROVÝ
ORGANICKÝ
KYSLÍK
HMOTNOSŤ
SOĽ
TEPLOTA

52 - Api

F	F	D	E	M	Y	D	M	E	F	B	G	A	C	A	J
E	O	G	H	K	J	T	K	Y	B	X	J	S	O	L	E
P	E	Ľ	A	S	O	K	N	L	S	Z	W	F	V	D	D
S	Ý	Ú	B	O	R	S	Z	K	P	E	M	P	T	Í	L
K	N	B	I	V	W	M	Y	N	I	L	T	S	A	R	O
R	Š	B	T	R	F	J	M	S	W	G	E	M	D	K	X
Á	E	Z	A	G	T	F	H	Y	T	E	V	K	A	T	Y
Ľ	P	K	T	A	H	X	R	N	J	É	K	G	R	W	V
O	S	O	Z	M	Z	O	E	D	Y	G	M	E	H	B	K
V	O	D	O	V	O	C	I	E	S	F	M	J	Á	U	M
N	R	Ô	Z	N	O	R	O	D	O	S	Ť	X	Z	S	M
Á	P	Z	U	I	G	H	Y	M	X	L	Z	R	E	D	P
H	B	J	C	S	X	W	M	X	W	H	C	O	O	E	N
V	N	C	J	W	T	H	K	Y	E	P	X	U	G	F	C
L	Y	V	E	X	U	J	E	P	L	J	I	M	S	L	S
D	A	N	P	D	G	P	K	X	H	X	X	H	I	C	N

KRÍDLA
ÚĽ
PROSPEŠNÝ
VOSK
JEDLO
RÔZNORODOSŤ
EKOSYSTÉM
KVETY
KVET
OVOCIE
DYM
ZÁHRADA
HABITAT
HMYZ
MED
RASTLINY
PEĽ
KRÁĽOVNÁ
ROJ
SLNKO

53 - Strumenti Musicali

V	E	T	X	V	M	V	I	O	L	O	N	Č	E	L	O
G	I	T	A	R	A	A	N	Í	R	U	B	M	A	T	B
N	S	O	F	B	T	E	N	I	R	A	L	K	F	N	P
O	U	G	R	O	M	O	K	D	B	A	W	P	D	T	A
G	K	A	A	W	L	I	H	T	O	J	N	A	B	H	T
H	R	F	H	M	K	B	R	I	E	L	S	U	H	A	R
O	E	Y	N	Ó	F	O	X	A	S	B	Í	X	E	R	Ú
B	P	K	Z	E	L	K	W	T	M	U	P	N	F	M	B
O	R	L	L	R	V	L	R	U	S	B	C	Ó	A	O	K
J	C	F	H	A	E	I	G	A	Y	O	U	B	I	N	A
B	X	K	K	D	V	N	Y	L	R	N	S	M	N	I	L
F	U	L	L	H	L	Í	L	F	I	N	A	O	I	K	P
P	U	Z	Z	R	R	G	R	R	S	L	A	R	V	A	N
S	H	B	A	U	M	M	M	D	V	D	T	T	M	Y	B
C	Y	D	V	B	V	F	L	N	R	K	I	E	D	M	T
A	J	A	Y	D	J	V	M	O	D	N	Y	K	X	M	O

HARMONIKA
HARFA
BANJO
GITARA
KLARINET
FAGOT
FLAUTA
GONG
MANDOLÍNA
MARIMBA
HOBOJ
PERKUSIE
KLAVÍR
SAXOFÓN
TAMBURÍNA
BUBON
TRÚBKA
TROMBÓN
HUSLE
VIOLONČELO

54 - Professioni #2

F	L	N	A	W	T	O	S	N	X	A	T	A	O	B	A
L	I	E	O	Z	Á	H	R	A	D	N	Í	K	J	A	N
I	Y	L	K	V	K	Í	N	M	U	K	S	Ý	V	N	P
N	D	X	O	Á	I	G	W	Y	X	Í	R	R	Y	H	W
Ž	S	H	X	Z	R	N	T	U	A	N	O	R	T	S	A
I	U	B	P	R	O	Z	Á	G	S	V	U	I	R	I	R
N	V	D	J	L	I	F	A	R	G	O	T	O	F	Y	E
I	F	M	Z	L	N	T	B	U	Ó	H	E	A	Z	V	F
E	Z	O	O	L	Ó	G	J	R	L	I	L	C	X	X	T
R	A	I	L	A	M	H	M	I	O	N	O	Z	D	F	X
Y	Z	V	G	H	X	K	Y	H	I	K	G	E	Ľ	Y	O
D	M	L	E	R	C	J	D	C	B	T	T	L	E	T	S
K	C	B	A	H	P	I	L	U	S	T	R	Á	T	O	R
K	K	G	J	R	X	A	T	S	I	V	G	N	I	L	D
Z	U	B	Á	R	I	J	K	U	H	I	K	Y	Č	I	Z
P	Ľ	E	T	A	V	O	R	T	E	Š	Y	V	U	P	Z

ASTRONAUT
KNIHOVNÍK
BIOLÓG
CHIRURG
ZUBÁR
FILOZOF
FOTOGRAF
ZÁHRADNÍK
NOVINÁR
ILUSTRÁTOR
INŽINIER
UČITEĽ
VYNÁLEZCA
VYŠETROVATEĽ
LINGVISTA
LEKÁR
PILOT
MALIAR
VÝSKUMNÍK
ZOOLÓG

55 - Letteratura

P	S	M	D	K	V	A	N	A	L	Ó	G	I	A	M	M
O	M	E	Ž	I	V	O	T	O	P	I	S	X	M	G	G
R	V	T	F	T	G	C	M	J	D	M	I	U	É	D	W
O	U	A	F	E	I	F	W	B	I	P	G	O	T	U	A
V	R	F	N	Z	O	X	S	D	K	A	J	V	Z	A	A
N	Ý	O	X	Z	W	D	H	G	K	L	U	L	D	N	M
A	M	R	A	Ý	K	C	I	T	E	O	P	X	P	F	R
N	X	A	Z	Ý	L	A	N	A	T	O	D	K	E	N	A
I	R	S	O	E	S	H	P	G	L	I	B	V	W	M	T
E	C	V	T	N	R	P	F	I	H	Ó	W	X	R	V	R
B	H	X	I	Z	O	O	D	J	F	C	G	T	H	R	A
M	Á	P	D	B	Z	P	T	Z	Á	V	E	R	R	R	G
I	S	S	J	K	Á	I	S	U	M	T	Y	R	L	C	É
B	V	G	E	F	N	S	T	F	A	Š	T	Ý	L	H	D
X	L	U	C	Ň	Y	K	V	B	S	R	O	M	Á	N	I
E	D	O	C	B	S	A	K	R	Ž	Á	N	E	R	M	A

ANALÝZA
ANALÓGIA
ANEKDOTA
AUTOR
ŽIVOTOPIS
ZÁVER
POROVNANIE
POPIS
DIALÓG
ŽÁNER
METAFORA
NÁZOR
BÁSEŇ
POETICKÝ
RÝM
RYTMUS
ROMÁN
ŠTÝL
TÉMA
TRAGÉDIA

56 - Cibo #2

T	U	S	H	M	J	E	L	I	G	W	H	O	E	V	J
S	T	E	M	Z	A	P	H	Y	I	R	U	J	V	R	G
B	K	E	S	Y	B	Y	R	Y	Z	E	B	O	E	C	V
X	U	B	E	G	L	J	Y	G	E	T	A	G	H	V	P
Y	R	H	A	T	K	P	S	R	D	N	U	U	A	G	U
U	A	E	N	K	O	N	Z	O	R	H	X	R	R	F	J
U	Ž	A	L	T	L	L	I	L	P	C	C	T	I	A	G
A	Y	D	L	E	O	A	R	D	Č	E	R	E	Š	Ň	A
P	R	Á	U	M	Z	S	Ž	X	J	J	H	L	F	B	C
C	H	L	I	E	B	F	K	Á	S	X	T	N	N	L	I
Z	E	O	E	P	Š	S	R	X	N	U	P	Á	A	S	L
A	W	K	J	L	U	I	C	K	I	V	I	N	U	S	O
O	D	O	G	X	N	P	Š	E	N	I	C	A	H	D	K
B	B	Č	D	H	K	R	F	L	J	L	R	B	W	L	O
O	Y	I	H	G	A	K	J	A	D	A	R	A	P	K	R
S	C	L	C	N	F	U	L	S	A	J	V	A	R	Y	B

BANÁN
BROKOLICA
ČEREŠŇA
ČOKOLÁDA
SYR
HUBA
PŠENICA
KIVI
JABLKO
BAKLAŽÁN
CHLIEB
RYBY
KURA
PARADAJKA
ŠUNKA
RYŽA
ZELER
VAJEC
HROZNO
JOGURT

57 - Nutrizione

U	S	R	A	U	F	F	R	I	C	Z	T	O	T	S	K
P	I	H	R	Y	V	L	U	S	N	G	O	M	E	A	V
W	W	J	M	H	O	R	K	Ý	H	Y	X	Á	K	C	A
F	W	J	K	O	U	E	D	V	K	P	Í	Č	U	H	S
V	P	F	J	A	T	I	L	A	V	K	N	K	T	A	E
B	Y	C	H	U	Ť	N	C	W	G	K	N	A	I	R	N
I	U	V	H	G	E	E	O	G	V	A	Z	T	N	I	I
E	W	D	Á	R	I	R	Z	S	B	L	D	É	Y	D	E
L	I	N	Y	Ž	N	O	J	S	Ť	Ó	R	I	Y	Y	I
K	Z	E	W	F	E	K	C	F	Z	R	A	D	W	H	V
O	F	N	E	U	V	N	B	P	K	I	V	J	S	F	A
V	E	R	X	U	Á	Í	Ý	X	G	E	Ý	E	M	C	R
I	C	E	D	B	R	V	H	T	S	P	O	D	P	W	D
N	N	Í	M	A	T	I	V	N	Y	G	X	L	G	M	Z
Y	U	G	C	Y	O	Ž	P	F	G	Z	B	É	J	V	X
M	N	B	I	A	C	E	N	K	B	N	C	T	W	K	O

HORKÝ
CHUŤ
VYVÁŽENÝ
KALÓRIE
SACHARIDY
JEDLÉ
DIÉTA
TRÁVENIE
KVASENIE
TEKUTINY
ŽIVÍN
HMOTNOSŤ
BIELKOVINY
KVALITA
OMÁČKA
ZDRAVIE
ZDRAVÝ
KORENIE
TOXÍN
VITAMÍN

58 - Matematica

L	P	A	R	A	L	E	L	N	Ý	Z	L	O	M	O	K
P	O	L	O	M	E	R	O	B	D	Ĺ	Ž	N	I	K	P
T	R	O	J	U	H	O	L	N	Í	K	I	K	O	Y	E
P	R	I	E	M	E	R	C	M	V	C	A	Í	R	R	X
B	B	S	N	I	D	C	B	F	W	C	I	N	A	C	P
A	R	I	T	M	E	T	I	K	A	V	V	L	H	D	O
C	U	V	O	S	J	N	A	G	L	S	M	O	M	V	N
E	J	V	Z	J	K	U	H	L	Y	Y	A	H	U	L	E
D	I	V	Í	Z	I	A	C	C	E	M	K	U	D	T	N
U	W	T	Z	I	G	A	I	R	T	E	M	O	E	G	T
H	X	E	S	U	F	B	Z	C	T	T	P	H	L	W	H
J	O	Č	R	E	C	I	N	V	O	R	O	O	V	M	R
Z	L	Ú	Z	Z	M	L	E	G	P	I	B	N	I	P	Ý
A	R	S	Z	N	N	Á	H	F	Y	A	V	M	V	P	J
X	N	W	R	Z	K	Í	N	Ž	E	B	O	N	V	O	R
D	E	S	A	T	I	N	N	É	O	U	D	U	H	L	G

UHLY
ARITMETIKA
DESATINNÉ
PRIEMER
DIVÍZIA
ROVNICE
EXPONENT
ZLOMOK
GEOMETRIA
PARALELNÝ
ROVNOBEŽNÍK
OBVOD
KOLMÝ
MNOHOUHOLNÍK
NÁMESTIE
POLOMER
OBDĹŽNIK
SYMETRIA
SÚČET
TROJUHOLNÍK

59 - Meditazione

D	H	P	Š	Ť	A	S	T	I	E	M	J	D	B	K	C
Ý	U	P	O	D	Ť	S	O	V	A	K	S	Á	L	D	H
C	D	R	V	Z	S	O	X	F	E	R	F	P	W	K	U
H	B	I	Ď	P	O	E	H	B	D	N	X	F	N	V	S
A	A	J	A	E	N	R	M	M	E	N	T	Á	L	N	Y
N	H	A	Č	R	S	L	N	Ó	P	O	K	O	J	N	Ý
I	A	T	N	S	A	O	J	O	C	S	R	Z	E	N	K
E	V	I	O	P	J	N	P	M	S	I	S	W	D	D	P
B	O	E	S	E	S	M	O	A	O	Ť	E	H	M	Z	R
M	P	N	Ť	K	Ú	Y	H	H	W	H	C	U	J	D	S
T	I	F	B	T	C	S	Y	K	N	E	I	L	Š	Y	M
I	R	E	Y	Í	I	E	B	P	U	C	Y	O	J	O	G
C	X	V	R	V	T	Ľ	Z	J	I	U	R	T	X	X	G
H	E	I	N	A	V	O	R	O	Z	O	P	D	U	D	C
O	R	I	Z	P	A	R	O	M	A	L	E	I	J	F	B
B	L	B	L	O	I	M	J	C	W	T	M	E	X	H	B

PRIJATIE
POZORNOSŤ
POKOJNÝ
JASNOSŤ
SÚCIT
EMÓCIE
ŠŤASTIE
LÁSKAVOSŤ
VĎAČNOSŤ
MENTÁLNY
MYSEĽ
POHYB
HUDBA
POVAHA
POZOROVANIE
MIER
MYŠLIENKY
PERSPEKTÍVA
DÝCHANIE
TICHO

60 - Elettricità

A	D	T	O	A	L	V	V	R	M	A	G	N	E	T	V
U	I	A	P	I	O	H	K	Ť	E	I	S	C	I	T	L
C	K	A	R	D	T	Z	O	V	T	S	Ž	O	N	M	P
I	O	I	I	P	S	Y	N	V	Í	T	A	G	E	N	A
P	O	Z	I	T	Í	V	N	Y	E	E	I	L	D	Ó	A
G	A	Í	L	K	Ž	N	I	A	I	M	R	Z	A	F	B
K	N	V	A	R	Á	I	F	O	O	D	É	Á	I	E	O
K	N	E	M	Á	H	B	A	B	L	E	T	S	R	L	P
R	K	L	P	K	L	D	E	R	H	R	A	U	A	E	D
H	S	E	A	I	B	C	V	L	O	P	B	V	Z	T	R
R	O	T	Á	R	E	N	E	G	C	V	F	K	W	O	Ô
E	L	E	K	T	R	I	C	K	Ý	H	K	A	E	P	T
S	T	N	A	K	X	I	P	F	R	V	K	A	F	I	Y
A	Z	Z	N	E	I	N	A	V	O	D	A	L	K	S	F
K	C	H	L	L	A	E	T	N	B	B	W	O	W	T	X
U	C	S	A	E	G	A	K	O	F	P	I	W	Z	C	M

ZARIADENIE
BATÉRIA
KÁBEL
SKLADOVANIE
ELEKTRIKÁR
ELEKTRICKÝ
DRÔTY
GENERÁTOR
LAMPA
ŽIAROVKA
LASER
MAGNET
NEGATÍVNY
PREDMET
POZITÍVNY
ZÁSUVKA
MNOŽSTVO
SIEŤ
TELEFÓN
TELEVÍZIA

61 - Antiquariato

S	Z	A	L	I	K	A	U	K	C	I	A	W	D	A	E
H	O	I	G	V	V	I	G	U	M	E	N	I	E	U	L
C	M	C	W	P	A	Č	G	A	Z	F	E	I	C	T	E
C	W	Í	H	K	L	O	B	H	L	F	C	L	N	E	G
N	M	T	R	A	I	R	A	V	Ý	É	W	Z	I	N	A
Á	J	S	A	W	T	Ť	F	Z	T	R	R	A	M	T	N
B	L	E	N	T	A	A	T	X	Š	T	S	I	S	I	T
Y	Z	V	E	E	E	S	D	W	K	T	L	F	A	C	N
T	H	N	O	W	L	E	I	Č	O	R	O	T	S	K	Ý
O	J	I	B	I	D	D	V	A	N	G	G	H	G	Ý	R
K	I	L	V	E	A	C	O	B	N	O	V	A	V	N	A
C	M	S	Y	N	V	Í	T	A	R	O	K	E	D	Y	T
D	Z	N	K	H	O	D	N	O	T	A	S	T	A	V	S
S	V	V	L	J	M	A	C	R	F	M	C	A	H	J	N
G	Y	E	Ý	T	J	K	U	Y	V	Z	F	A	R	A	F
G	N	P	Z	C	U	L	O	H	P	A	Z	B	X	F	S

UMENIE
AUKCIA
AUTENTICKÝ
STAV
DESAŤROČIA
DEKORATÍVNY
ELEGANTNÝ
GALÉRIA
NEOBVYKLÝ
INVESTÍCIA
NÁBYTOK
MINCE
CENA
KVALITA
OBNOVA
SOCHA
STOROČIE
ŠTÝL
HODNOTA
STARÝ

62 - Escursionismo

O	V	X	C	V	U	D	U	E	Á	V	K	W	K	Y	Ť
O	S	L	N	K	O	I	W	N	T	W	B	S	E	U	A
P	R	Y	N	O	L	V	L	V	A	D	O	V	M	N	Ž
O	S	I	J	H	S	O	H	C	R	V	Y	N	P	V	K
Č	V	V	E	L	I	K	E	N	E	N	E	M	A	K	Ý
A	E	D	R	N	D	Ý	K	L	I	M	D	N	S	J	V
S	S	N	Á	A	T	Z	I	I	V	K	V	L	Ý	T	Y
I	U	H	M	X	V	Á	Z	Y	Z	S	B	R	X	Y	W
E	R	O	O	B	J	P	C	G	I	S	U	G	X	R	M
K	Y	O	K	S	A	B	V	I	L	U	B	M	D	C	A
L	N	U	B	P	Z	Z	K	J	A	F	N	K	M	Z	P
P	O	E	Z	A	M	Í	L	K	H	M	V	M	B	I	A
V	T	C	L	R	C	Y	K	W	A	Z	Y	D	A	B	T
B	S	D	C	K	Ú	T	E	S	V	R	P	L	Z	O	T
S	A	A	F	Y	M	Ž	I	Č	O	M	A	X	S	K	R
P	R	Í	P	R	A	V	A	S	P	G	W	B	A	N	K

VODA
ZVIERATÁ
KEMP
KLÍMA
MAPA
POČASIE
VRCH
POVAHA
ORIENTÁCIA
PARKY
ŤAŽKÝ
KAMENE
PRÍPRAVA
ÚTES
DIVOKÝ
SLNKO
UNAVENÝ
ČIŽMY
SUMMIT
KOMÁRE

63 - Professioni #1

P	N	R	H	B	W	T	M	W	U	Z	S	K	P	I	W
H	U	D	O	B	N	Í	K	A	O	I	Z	T	V	N	K
D	G	Z	C	A	W	A	T	P	D	O	Z	R	D	Š	L
B	C	C	E	V	O	L	M	J	V	E	D	E	C	T	A
K	A	E	Y	L	N	Z	P	K	L	C	F	W	G	A	V
A	E	N	T	F	R	N	Y	W	Y	S	H	S	K	L	I
R	D	A	K	Í	N	Č	E	N	A	T	I	N	U	A	R
T	I	L	Í	Á	S	E	S	T	R	A	H	G	I	T	I
O	T	S	N	L	R	A	S	T	R	O	N	Ó	M	É	S
G	O	Y	T	V	E	U	T	J	Y	T	S	L	P	R	T
R	R	V	O	T	N	K	M	M	G	Ó	L	O	E	G	A
A	A	Ľ	N	X	É	T	Á	E	D	M	I	H	C	W	C
F	I	E	E	L	R	A	N	R	L	K	R	C	K	A	B
H	R	V	L	L	T	W	G	V	N	E	S	Y	U	I	N
T	L	R	K	I	N	V	Á	R	P	I	C	S	B	G	U
V	E	T	E	R	I	N	Á	R	S	N	K	P	O	L	A

TRÉNER
VEĽVYSLANEC
UMELEC
ASTRONÓM
PRÁVNIK
TANEČNÍK
BANKÁR
LOVEC
KARTOGRAF
EDITOR
LEKÁRNIK
GEOLÓG
KLENOTNÍK
INŠTALATÉR
SESTRA
HUDOBNÍK
KLAVIRISTA
PSYCHOLÓG
VEDEC
VETERINÁR

64 - Antartide

X	Z	M	D	F	C	R	I	N	O	K	T	M	M	Ľ	D
P	Á	P	E	I	D	E	R	T	S	O	R	P	I	A	Y
S	L	O	B	P	M	G	R	H	T	F	O	Y	G	D	R
Y	I	U	X	S	O	Y	B	Y	R	Ľ	E	V	R	O	Z
Z	V	J	C	M	Ľ	L	I	B	O	B	S	X	Á	V	J
J	H	G	N	H	M	A	O	U	V	S	S	D	C	C	H
V	E	D	E	C	K	Ý	D	S	Y	X	D	R	I	E	P
Y	A	A	D	O	V	V	P	Ý	T	A	N	L	A	K	S
K	O	N	T	I	N	E	N	T	K	R	J	E	S	I	D
A	T	A	I	C	Í	D	E	P	X	E	O	B	X	J	I
L	E	R	V	Ý	S	K	U	M	N	Í	K	V	Y	Y	Y
B	P	H	L	P	O	Y	G	E	O	G	R	A	F	I	A
O	L	C	I	M	I	N	E	R	Á	L	Y	W	N	G	N
U	O	O	T	O	P	O	G	R	A	F	I	A	H	U	A
I	T	D	O	K	W	H	X	M	W	S	B	H	V	S	T
Z	A	T	D	V	V	E	E	H	V	J	M	L	B	A	O

VODA
PROSTREDIE
ZÁLIV
VEĽRYBY
OCHRANA
KONTINENT
GEOGRAFIA
ĽADOVCE
ĽAD
OSTROVY

MIGRÁCIA
MINERÁLY
OBLAKY
POLOSTROV
VÝSKUMNÍK
SKALNATÝ
VEDECKÝ
EXPEDÍCIA
TEPLOTA
TOPOGRAFIA

65 - Libri

X	U	Z	W	U	P	P	P	R	E	E	P	O	S	R	L
F	O	V	T	S	Ž	U	R	D	O	R	B	O	D	O	Y
A	D	V	O	F	G	M	Í	R	D	S	I	L	U	Z	G
W	Y	F	H	G	E	H	B	O	P	R	H	I	A	P	J
Ľ	E	T	A	T	I	Č	E	B	F	U	K	T	L	R	J
R	Y	R	I	B	S	F	H	R	Y	D	S	E	I	Á	K
Ý	V	A	Z	E	I	L	A	N	Y	V	É	R	T	V	O
N	R	G	É	X	G	A	R	Á	K	J	R	Á	A	A	N
A	D	I	O	U	W	M	L	M	A	V	I	R	L	Č	T
S	I	C	P	U	D	M	N	O	O	U	A	N	U	H	E
Í	A	K	R	E	I	B	Z	R	C	W	T	Y	S	U	X
P	O	Ý	K	C	I	R	O	T	S	I	H	O	C	M	T
P	R	Í	S	L	U	Š	N	Ý	L	B	L	U	R	O	S
K	R	X	Y	M	D	S	T	R	A	N	A	Z	X	R	S
J	N	U	G	Y	D	E	X	C	J	A	V	M	T	N	X
F	X	U	P	J	D	M	P	I	F	N	O	H	F	Ý	U

AUTOR
DOBRODRUŽSTVO
ZBIERKA
KONTEXT
DUALITA
EPOS
VYNALIEZAVÝ
LITERÁRNY
ČITATEĽ
ROZPRÁVAČ
STRANA
POÉZIA
PRÍSLUŠNÝ
ROMÁN
PÍSANÝ
SÉRIA
PRÍBEH
HISTORICKÝ
TRAGICKÝ
HUMORNÝ

66 - Geografia

O	S	I	T	H	P	S	X	K	O	A	P	O	B	R	U
N	E	S	J	J	E	I	M	E	Z	Ú	V	S	D	L	C
N	E	I	S	C	Y	M	L	J	X	W	X	T	O	F	O
X	D	C	Y	S	J	E	I	S	P	S	A	R	K	U	X
O	U	U	P	L	V	M	J	S	H	V	X	O	R	L	P
K	T	V	L	U	M	T	P	V	F	E	X	V	A	M	O
X	I	P	V	P	Z	Á	P	A	D	É	Z	J	J	A	L
K	G	Y	P	K	X	V	R	B	L	H	R	Y	I	P	U
C	O	R	Z	P	K	T	W	N	V	R	C	A	N	A	D
A	L	N	Ó	I	G	E	R	T	Ý	J	F	F	A	K	N
J	D	Y	T	M	E	S	T	O	Š	U	W	K	T	E	Í
A	Z	S	X	I	T	P	E	R	K	H	C	R	V	I	K
L	T	I	J	J	N	N	V	I	A	O	E	Z	X	R	W
X	X	L	U	C	P	E	S	E	V	E	R	Y	X	K	L
N	T	R	A	O	F	U	N	Á	E	C	O	B	M	K	J
A	L	E	W	S	J	I	W	T	M	Y	M	T	A	R	S

ATLAS
MESTO
KONTINENT
VÝŠKA
HEMISFÉRA
RIEKA
OSTROV
LOGITUDE
MAPA
MORE
POLUDNÍK
SVET
VRCH
SEVER
OCEÁN
ZÁPAD
KRAJINA
REGIÓN
JUH
ÚZEMIE

67 - Cibo #1

K	A	I	N	U	T	G	H	I	C	K	S	F	N	H	I
V	F	K	C	Y	K	A	O	G	U	U	O	V	U	E	X
A	T	Ä	M	N	R	P	A	X	I	C	E	S	N	A	K
K	V	N	B	K	Y	M	A	H	B	Z	M	S	Ä	F	D
A	V	K	H	Z	T	V	D	G	D	K	L	Z	F	M	U
C	D	O	R	J	A	Č	M	E	Ň	T	I	N	L	F	F
I	C	O	V	M	B	Š	Ť	A	V	A	E	X	M	W	X
R	M	U	Z	C	K	A	H	G	G	T	K	K	Y	M	V
O	J	A	H	O	D	A	Z	Z	Y	R	O	K	U	C	T
K	E	F	R	D	C	A	J	A	K	O	G	V	S	F	P
Š	R	V	W	Z	I	T	T	Z	L	T	C	S	I	C	H
Š	A	L	Á	T	B	Y	K	G	F	K	X	X	J	I	U
S	P	N	G	U	U	B	Y	V	S	O	A	F	O	T	A
R	R	Y	M	K	Ľ	O	S	H	R	U	Š	K	A	R	J
J	K	I	N	R	A	Š	P	E	N	Á	T	K	K	Ó	J
Y	C	W	E	W	J	R	D	W	P	D	K	O	G	N	J

CESNAK
BAZALKA
ŠKORICA
MÄSO
MRKVA
CIBUĽA
JAHODA
ŠALÁT
MLIEKO
CITRÓN
MÄTA
JAČMEŇ
HRUŠKA
KVAKA
SOĽ
ŠPENÁT
ŠŤAVA
TUNIAK
TORTA
CUKOR

68 - Etica

S	I	T	O	L	E	R	A	N	C	I	A	A	D	W	J
U	P	N	U	Z	P	R	A	N	G	O	O	I	D	H	K
M	R	O	T	I	C	Ú	S	G	K	M	D	F	I	M	Y
Z	A	D	L	E	J	D	Y	T	O	N	D	O	H	W	Ť
I	C	B	X	U	G	A	L	T	R	U	I	Z	M	U	S
M	I	D	Z	A	P	R	F	I	U	I	B	O	C	P	O
I	O	M	A	N	F	R	I	K	W	D	G	L	S	R	V
T	N	Ú	J	T	G	U	Á	T	G	U	C	I	I	E	I
P	A	K	C	M	W	I	Z	C	A	D	A	F	H	A	T
O	L	O	V	T	S	D	U	Ľ	A	R	Y	E	N	L	C
W	I	Ý	K	C	I	T	A	M	O	L	P	I	D	I	O
V	T	B	Ť	S	O	V	I	L	Z	E	P	R	T	Z	P
A	A	G	W	A	W	A	Ý	N	M	U	Z	O	R	M	A
B	E	N	E	V	O	L	E	N	T	N	Ý	D	O	U	F
F	D	C	F	X	L	Á	S	K	A	V	O	S	Ť	S	T
D	Ô	S	T	O	J	N	O	S	Ť	S	O	R	D	Ú	M

ALTRUIZMUS
BENEVOLENTNÝ
SÚCIT
SPOLUPRÁCA
DÔSTOJNOSŤ
DIPLOMATICKÝ
FILOZOFIA
LÁSKAVOSŤ
INTEGRITA
POCTIVOSŤ
OPTIMIZMUS
TRPEZLIVOSŤ
ROZUMNÝ
RACIONALITA
REALIZMUS
ÚCTIVÝ
MÚDROSŤ
TOLERANCIA
ĽUDSTVO
HODNOTY

69 - Aeroplani

N	J	A	Z	I	D	U	M	F	V	T	M	D	S	W	F
P	A	B	E	N	D	B	J	P	O	P	Z	O	M	B	V
R	R	V	J	O	K	H	C	U	D	Z	V	B	E	S	R
I	É	Z	I	F	G	P	T	T	Í	C	D	R	R	A	Z
S	F	I	O	G	M	G	U	S	K	E	T	O	L	I	P
T	S	R	T	C	O	O	B	O	I	S	O	D	I	I	O
Á	O	Z	X	K	T	V	T	Z	J	T	G	R	E	J	R
T	M	V	W	A	E	I	A	O	G	U	P	U	M	G	B
I	T	X	Ý	A	D	L	K	Ť	R	J	G	Ž	M	J	A
E	A	H	Z	Š	N	A	D	X	E	Ú	O	S	I	U	L
W	K	O	M	W	K	P	Á	X	Z	C	F	T	H	J	Ó
K	G	Z	S	C	Y	A	S	T	K	I	M	V	H	O	N
D	M	S	J	F	M	T	O	L	F	Z	O	O	U	B	W
K	S	H	P	P	K	N	P	H	I	S	T	Ó	R	I	A
K	O	N	Š	T	R	U	K	C	I	A	D	X	Z	A	S
C	K	Y	T	U	R	B	U	L	E	N	C	I	A	C	N

VÝŠKA
VZDUCH
ATMOSFÉRA
PRISTÁTIE
DOBRODRUŽSTVO
PALIVO
NEBA
KONŠTRUKCIA
DIZAJN
SMER
ZOSTUP
POSÁDKA
VODÍK
MOTOR
NAVIGOVAŤ
BALÓN
CESTUJÚCI
PILOT
HISTÓRIA
TURBULENCIA

70 - Governo

P	I	Z	M	N	B	O	L	A	Y	L	I	G	N	J	D
Y	G	Á	O	B	Č	I	A	N	S	T	V	O	Á	Z	E
T	U	K	B	C	U	E	V	Ú	N	M	S	O	R	R	M
Y	E	O	W	Y	X	L	R	S	E	L	N	B	O	O	O
P	Ý	N	D	O	R	Á	N	T	V	J	X	Č	D	K	K
G	W	J	I	B	R	G	A	A	K	D	M	I	G	R	R
L	J	M	F	T	Z	W	I	V	I	G	M	A	Y	E	A
E	A	W	C	B	H	A	S	A	C	B	O	N	P	S	C
H	J	H	C	W	Y	B	U	T	X	M	K	S	O	J	I
P	A	M	Ä	T	N	Í	K	Š	T	Á	T	K	L	W	A
N	D	C	O	O	D	K	S	S	R	W	R	Y	I	P	B
G	O	Z	D	R	Ú	U	I	L	Y	I	O	D	T	E	U
E	B	H	U	O	S	U	D	I	V	M	R	C	I	S	C
O	O	H	O	D	V	M	R	G	A	L	B	R	K	L	S
P	L	R	O	V	N	O	S	Ť	Y	D	O	O	A	P	D
Ť	S	O	L	S	I	V	Á	Z	E	N	Y	Y	L	A	K

VODCA
OBČIANSTVO
OBČIANSKY
ÚSTAVA
DEMOKRACIA
REČ
DISKUSIA
SÚDNY
NEZÁVISLOSŤ
ZÁKON
SLOBODA
PAMÄTNÍK
NÁRODNÝ
NÁROD
POLITIKA
OKRES
SYMBOL
ŠTÁT
ROVNOSŤ

71 - Bellezza

K	U	Č	E	R	Y	Š	E	W	S	E	D	O	M	V	S
J	E	E	K	J	O	A	L	S	L	C	R	D	A	N	T
U	G	K	S	A	L	M	E	X	U	D	X	I	C	G	Y
E	S	G	F	F	G	P	G	O	Ž	J	J	X	K	K	L
C	L	V	L	X	V	Ó	A	P	B	W	U	L	G	O	I
I	B	E	N	S	Ô	N	N	A	Y	V	H	U	J	Ž	S
N	J	P	G	S	Ň	Y	T	K	U	D	O	R	P	A	T
Ž	Y	H	U	A	A	D	N	R	R	I	G	M	M	B	A
O	E	X	B	S	N	V	Ý	M	Ú	D	E	O	T	K	P
N	N	T	L	D	D	C	H	P	K	Ž	O	O	M	Y	Z
L	C	J	Z	B	P	N	I	L	Č	A	R	O	Y	K	P
A	S	B	M	I	A	I	B	A	A	R	A	K	S	A	M
K	O	Z	M	E	T	I	K	A	D	D	J	W	E	V	R
F	O	T	O	G	E	N	I	C	K	Ý	K	P	B	M	V
Z	R	K	A	D	L	O	F	A	R	B	A	Ý	N	S	T
X	A	G	Z	M	I	L	O	S	Ť	O	L	E	J	E	O

FARBA
KOZMETIKA
ELEGANTNÝ
ELEGANCIA
ČARO
NOŽNICE
FOTOGENICKÝ
VÔŇA
MILOSŤ
HLADKÝ
MASKARA
OLEJE
KOŽA
PRODUKTY
KUČERY
RÚŽ
SLUŽBY
ŠAMPÓN
ZRKADLO
STYLISTA

72 - Avventura

K	B	U	I	V	W	E	E	I	N	E	Š	D	A	N	N
Y	R	Á	R	E	N	I	T	I	N	X	A	F	N	E	E
U	Z	Á	Y	S	C	C	I	O	B	H	I	B	A	O	B
P	W	Ť	S	O	N	N	I	Č	G	A	L	E	V	B	E
Ť	M	I	K	A	I	Z	R	U	K	X	E	Z	I	V	Z
S	B	T	W	H	T	M	Z	Ť	N	P	T	P	G	Y	P
O	B	T	I	A	Ž	N	O	S	Ť	R	A	E	Á	K	E
N	S	J	Y	V	Z	Ý	V	O	S	Í	I	Č	C	L	Č
Č	H	K	D	O	P	V	I	T	O	P	R	N	I	Ý	N
O	N	N	C	P	D	O	D	I	D	R	P	O	A	Z	Ý
T	P	H	S	O	E	N	I	Ž	A	A	E	S	S	V	G
A	H	A	W	C	I	E	Ľ	E	R	V	N	Ť	X	V	W
T	L	C	W	C	W	H	J	L	F	A	R	M	V	M	X
S	A	H	C	P	F	G	R	Í	C	E	S	T	U	J	E
F	E	M	C	G	Y	X	I	R	J	U	M	N	T	N	O
E	D	E	P	I	P	M	G	P	D	B	G	H	C	I	F

PRIATELIA
ČINNOSŤ
KRÁSA
STATOČNOSŤ
CIEĽ
OBTIAŽNOSŤ
NADŠENIE
EXKURZIA
RADOSŤ
NEOBVYKLÝ
ITINERÁR
POVAHA
NAVIGÁCIA
NOVÝ
PRÍLEŽITOSŤ
NEBEZPEČNÝ
PRÍPRAVA
VÝZVY
BEZPEČNOSŤ
CESTUJE

73 - Forme

C	T	R	O	J	U	H	O	L	N	Í	K	D	B	I	S
M	L	Z	N	H	C	G	O	L	P	T	N	I	R	P	F
S	Z	H	F	A	G	T	E	L	J	L	O	O	S	M	É
P	Y	R	A	M	Í	D	A	N	A	R	T	S	V	S	R
U	T	U	K	I	N	Ž	Ĺ	D	B	O	W	A	R	Á	A
N	R	W	C	Í	N	K	K	L	C	V	X	L	I	E	L
R	Á	K	O	U	N	U	E	F	G	A	S	P	I	L	E
Ú	K	M	K	O	J	L	E	P	E	L	E	L	U	K	J
T	M	Y	E	I	A	L	O	B	R	E	P	Y	H	R	P
I	X	E	W	S	J	Z	B	H	H	C	E	T	X	U	M
W	J	J	E	X	T	Ľ	E	Ž	U	K	R	C	G	H	X
H	R	A	N	O	L	I	B	O	B	O	F	B	S	I	L
D	J	R	U	A	V	E	E	B	A	L	H	Z	K	E	I
J	W	K	Y	M	E	W	V	L	G	X	R	O	L	I	N
T	L	O	P	R	V	T	D	Ú	S	A	F	U	N	X	K
D	G	J	F	Z	G	Y	A	K	V	I	R	K	S	M	A

RÚT
OBLÚK
OKRAJE
KRUH
VALEC
KUŽEĽ
KOCKA
KRIVKA
ELIPSA
HYPERBOLA

STRANA
LINKA
OVÁL
PYRAMÍDA
MNOHOUHOLNÍK
HRANOL
NÁMESTIE
OBDĹŽNIK
SFÉRA
TROJUHOLNÍK

74 - Oceano

E	I	D	P	V	L	Z	K	G	W	D	M	E	R	M	B
Ú	A	K	Č	A	N	T	Y	R	O	K	T	V	G	E	Z
T	C	V	V	I	L	Í	R	P	K	R	A	B	K	K	I
E	I	X	L	E	Z	T	K	A	Ž	R	A	L	O	K	U
S	N	N	R	U	Ľ	O	Y	K	D	B	X	K	G	T	U
K	T	M	J	R	L	R	K	R	E	V	E	T	Y	U	S
D	O	G	Ú	H	O	R	Y	Ú	P	B	S	S	B	N	T
O	B	R	G	Z	A	B	F	B	Y	P	Z	W	Y	I	R
I	O	D	A	Z	Ú	D	E	M	A	Z	E	H	R	A	I
X	H	T	M	L	D	S	Ď	F	G	H	D	P	L	K	C
J	C	J	D	M	O	N	O	V	L	N	Y	H	S	S	E
P	N	Z	S	H	A	V	L	Ľ	C	Z	K	U	M	M	K
G	Y	O	S	U	J	L	N	J	P	M	L	B	K	A	X
U	I	U	I	H	F	G	L	H	C	C	M	K	O	D	N
H	H	A	Y	D	E	L	F	Í	N	L	G	A	Z	Z	W
T	V	N	P	I	U	M	W	M	L	D	H	A	M	V	R

ÚHOR
VEĽRYBA
LOĎ
KORALOV
DELFÍN
KREVETY
KRAB
PRÍLIV
MEDÚZA
VLNY
USTRICE
RYBY
CHOBOTNICA
SOĽ
ÚTES
HUBKA
ŽRALOK
KORYTNAČKA
BÚRKA
TUNIAK

75 - Famiglia

D	P	M	C	B	S	C	M	D	I	Z	G	E	K	C	B
V	M	R	A	T	E	T	A	C	E	T	O	Y	P	K	C
O	A	B	E	T	B	F	N	É	K	S	V	O	C	T	O
J	N	R	O	D	K	J	Ž	R	K	H	G	K	T	G	V
Č	Ž	A	Y	J	O	A	E	A	Ť	E	I	D	R	B	T
A	E	T	F	J	A	K	L	I	Y	W	B	E	D	A	S
T	L	R	W	A	W	B	K	E	A	I	U	D	D	B	T
Á	M	A	M	R	J	L	A	R	T	S	E	S	Y	I	E
J	T	N	O	O	F	B	S	Y	N	O	V	E	C	Č	D
S	E	E	X	E	M	S	T	R	Ý	K	O	A	N	K	L
U	C	C	N	B	D	A	L	C	K	G	C	V	U	A	V
S	D	E	T	I	D	V	T	A	R	B	M	C	C	L	M
B	Y	T	F	Z	K	F	K	I	I	A	F	R	V	I	M
E	Z	B	L	X	R	X	X	C	E	P	M	T	A	B	Z
Z	F	V	K	K	X	V	Z	I	E	K	V	I	F	O	D
T	W	S	C	A	B	G	O	T	G	H	V	X	Y	L	D

PREDOK
DETI
DIEŤA
BRATRANEC
DCÉRA
BRAT
DVOJČATÁ
DETSTVO
MATKA
MANŽEL
MATIEK
MANŽELKA
SYNOVEC
BABIČKA
DEDKO
OTEC
OTCOVSKÉ
SESTRA
TETA
STRÝKO

76 - Creativitá

U	C	V	I	T	A	L	I	T	A	Y	A	B	O	I	I
W	M	E	J	O	D	B	D	L	Y	L	C	Ť	P	O	N
M	B	E	P	O	C	I	T	S	A	V	P	S	V	K	Š
Z	A	K	L	K	R	J	W	T	G	J	H	O	Ý	V	P
E	D	F	T	E	U	T	H	I	G	V	Y	V	R	Y	I
V	M	N	Ý	K	C	I	B	F	Ť	D	G	I	A	N	R
P	Í	Ó	K	H	Z	K	U	V	S	K	K	V	Z	A	Á
L	P	Z	C	P	J	Y	Ý	I	O	O	L	A	G	L	C
Y	R	J	I	I	I	N	T	E	N	Z	I	T	A	I	I
N	A	A	T	E	E	N	H	S	Č	Á	B	S	I	E	A
U	V	S	A	M	Y	Á	Z	U	U	R	D	D	C	Z	L
L	O	N	M	H	C	T	O	C	R	B	A	E	Í	A	Z
O	S	O	A	Z	H	N	H	K	Z	O	S	R	U	V	B
S	Ť	S	R	C	O	O	O	J	K	N	N	P	T	Ý	B
Ť	B	Ť	D	H	U	P	N	Y	D	A	P	Á	N	D	A
U	I	P	Y	C	M	S	F	L	O	L	Y	E	I	L	G

ZRUČNOSŤ
UMELECKÝ
PRAVOSŤ
JASNOSŤ
DRAMATICKÝ
EMÓCIE
VÝRAZ
PLYNULOSŤ
NÁPADY
PREDSTAVIVOSŤ
OBRÁZOK
DOJEM
INTENZITA
INTUÍCIA
VYNALIEZAVÝ
INŠPIRÁCIA
POCIT
SPONTÁNNY
VÍZIE
VITALITA

77 - Veicoli

L	H	V	P	A	V	V	M	A	U	T	O	B	J	S	V
B	I	C	Y	K	E	L	E	Z	P	K	T	B	H	U	H
Z	T	N	Z	R	U	A	T	L	N	E	U	S	L	B	S
F	O	K	P	O	R	D	R	I	E	J	A	E	E	O	O
D	Y	Y	R	N	M	I	O	E	U	A	É	D	P	T	Ď
V	V	R	J	O	W	D	D	T	M	R	N	B	S	U	N
V	L	A	K	P	J	F	S	A	A	T	D	E	V	A	K
Z	K	B	Y	L	I	P	K	D	T	V	A	T	G	A	V
Y	W	I	O	P	L	L	Ú	L	I	R	L	R	A	A	S
T	R	A	K	T	O	R	T	O	K	T	K	U	N	X	U
P	F	O	A	T	D	K	E	Z	Y	U	Á	A	Á	R	I
F	O	A	T	E	K	A	R	R	F	Ľ	N	S	V	Z	T
R	P	P	D	O	W	E	T	D	D	N	C	F	A	V	L
R	A	F	T	Y	M	F	C	L	G	Í	G	Z	R	K	W
A	M	B	U	L	A	N	C	I	E	K	M	S	A	K	I
M	H	F	H	E	S	Z	X	W	N	J	I	J	K	O	L

LIETADLO
AMBULANCIE
AUTO
AUTOBUS
LOĎ
BICYKEL
NÁKLADNÉ AUTO
KARAVÁNA
VRTUĽNÍK
METRO
MOTOR
PNEUMATIKY
RAKETA
SKÚTER
PONORKA
TAXI
TRAJEKT
TRAKTOR
VLAK
RAFT

78 - Emozioni

P	X	J	M	Y	L	Ť	S	O	D	A	R	J	O	S	J
R	T	C	O	E	W	Y	N	P	P	Y	D	O	B	M	R
E	V	H	U	Y	F	Ý	N	J	O	K	O	P	S	Ú	R
K	V	O	H	G	M	H	N	E	V	K	U	V	A	T	Y
V	E	F	P	D	I	C	J	R	R	G	O	K	H	O	E
A	D	U	N	A	E	A	H	E	N	C	U	J	J	K	Z
P	K	D	D	K	R	R	P	N	U	O	Z	T	N	S	M
E	P	S	A	K	U	T	D	K	V	B	D	T	H	Ý	D
N	O	Z	Á	U	Y	S	Ť	S	O	N	E	Ž	A	L	B
I	K	D	L	L	D	L	T	L	Ľ	L	N	N	C	G	R
E	O	X	D	T	Y	L	C	Ý	N	Č	A	Ď	V	A	S
C	J	L	S	Y	F	É	I	L	E	R	S	I	H	V	I
L	Á	S	K	A	V	O	S	Ť	N	O	O	I	W	K	T
S	Y	M	P	A	T	I	E	G	Ý	N	E	Š	D	A	N
R	H	M	I	D	E	R	H	G	A	E	J	M	X	M	E
P	V	N	P	M	E	P	L	D	U	I	X	L	G	A	D

LÁSKA
BLAŽENOSŤ
POKOJNÝ
OBSAH
NADŠENÝ
LÁSKAVOSŤ
RADOSŤ
VĎAČNÝ
NUDA
MIER
STRACH
HNEV
UVOĽNENÝ
RELIÉF
SYMPATIE
SPOKOJNÝ
PREKVAPENIE
NEHA
POKOJ
SMÚTOK

79 - Natura

Z	Ľ	C	U	W	L	Í	S	T	I	E	Z	O	Z	T	V
L	A	Ň	Y	T	Ä	V	S	V	O	P	R	K	T	K	I
Y	D	L	K	P	C	B	H	R	L	T	Y	I	L	V	T
M	O	S	M	A	O	G	R	B	F	A	H	N	F	Č	Á
S	V	W	O	H	R	Á	T	A	R	E	I	V	Z	E	L
A	E	H	R	D	U	N	R	M	E	E	P	E	R	L	N
D	C	O	I	K	R	Y	O	A	K	N	P	E	I	Y	Y
P	M	R	W	Ť	Š	Ú	P	L	R	Ý	I	V	E	S	B
E	U	Y	G	S	L	A	I	B	B	K	I	N	K	E	O
R	U	K	E	A	I	X	C	S	J	C	T	H	A	T	V
Ó	Y	A	Ý	N	J	O	K	O	P	I	Z	I	I	Ú	S
Z	G	L	J	J	U	J	Ý	O	A	M	X	D	C	K	T
I	T	B	L	E	S	P	O	F	F	A	S	Á	R	K	S
A	T	O	S	P	L	A	F	G	K	N	R	O	K	D	Ý
L	N	G	D	I	V	O	K	Ý	U	Y	U	E	V	Y	U
D	G	Z	K	I	I	G	B	H	I	D	X	J	T	O	Y

ZVIERATÁ
VČELY
ARKTICKÝ
KRÁSA
PÚŠŤ
DYNAMICKÝ
ERÓZIA
RIEKA
LÍSTIE
LES
ĽADOVEC
HORY
HMLA
OBLAKY
SVÄTYŇA
ÚTESY
DIVOKÝ
POKOJNÝ
TROPICKÝ
VITÁLNY

80 - Balletto

P	I	N	T	E	N	Z	I	T	A	U	N	C	P	G	O
U	C	H	O	R	E	O	G	R	A	F	I	A	O	E	R
B	E	S	D	R	J	O	Y	F	H	Y	T	B	T	S	C
L	H	T	Z	U	S	N	B	R	N	P	D	S	L	T	H
I	U	O	Y	K	O	X	A	R	P	F	M	T	E	O	E
K	D	K	Y	U	N	B	L	Y	Ľ	L	S	A	S	T	S
U	B	L	S	Ý	K	C	E	L	E	M	U	N	K	D	T
M	A	A	N	N	W	O	R	A	T	S	M	E	D	F	E
Š	T	Ý	L	B	Y	A	Í	V	A	R	T	Č	S	X	R
H	S	Z	D	A	U	O	N	S	D	N	Y	N	E	S	Z
M	M	Z	S	V	U	A	A	I	A	I	R	Í	E	R	I
R	W	I	P	Ô	H	I	K	R	L	H	H	C	Z	C	O
M	F	V	A	P	J	V	Š	A	K	A	G	I	B	H	U
Z	L	I	W	C	Y	R	Ú	Ť	S	O	N	Č	U	R	Z
S	U	X	P	K	H	L	K	T	E	C	H	N	I	K	A
S	O	Z	Y	N	V	Í	S	E	R	P	X	E	B	C	I

ZRUČNOSŤ
POTLESK
UMELECKÝ
BALERÍNA
TANEČNÍCI
SKLADATEĽ
CHOREOGRAFIA
EXPRESÍVNY
GESTO
PÔVABNÝ
INTENZITA
SVALY
HUDBA
ORCHESTER
PRAX
SKÚŠKA
PUBLIKUM
RYTMUS
ŠTÝL
TECHNIKA

81 - Paesi #1

T	O	K	S	Ľ	O	P	K	M	A	N	T	E	I	V	Y
W	K	M	K	N	U	L	G	A	I	D	N	I	B	M	N
H	S	A	W	A	V	L	G	R	I	Z	R	A	E	L	S
V	N	Y	V	O	D	R	V	O	S	E	N	E	G	A	L
S	U	N	Ó	R	S	K	O	K	S	N	Í	F	V	D	W
V	M	Y	U	R	N	C	Y	O	A	B	K	E	E	A	K
B	U	Y	C	C	M	C	G	V	Z	S	D	I	N	N	V
S	R	J	V	X	G	C	J	E	L	V	T	P	E	A	I
C	Z	A	Y	B	Í	L	V	G	G	T	I	N	Z	K	M
H	W	Ž	Z	I	O	N	S	J	E	Y	L	W	U	L	J
G	Y	D	S	Í	R	E	E	F	B	T	P	N	E	R	J
Y	N	O	E	I	L	A	M	T	U	J	P	T	L	D	M
S	Z	B	D	X	K	I	K	D	B	J	N	M	A	A	L
N	E	M	E	C	K	O	A	E	V	P	A	N	A	M	A
L	C	A	A	T	A	I	F	Y	W	G	F	L	I	F	H
N	O	K	S	L	E	I	N	A	P	Š	L	S	M	K	Z

BRAZÍLIA
KAMBODŽA
KANADA
EGYPT
FÍNSKO
NEMECKO
INDIA
IRAK
IZRAEL
LÍBYA
MALI
MAROKO
NÓRSKO
PANAMA
POĽSKO
RUMUNSKO
SENEGAL
ŠPANIELSKO
VENEZUELA
VIETNAM

82 - Geometria

V	O	B	S	K	G	S	P	G	R	O	K	F	Z	B	R
I	F	U	E	R	P	V	J	A	K	Š	Ý	V	A	D	B
S	L	X	D	I	W	Y	C	I	R	K	Y	F	O	Y	P
T	E	O	R	V	L	Y	R	R	U	A	O	X	G	L	G
R	I	G	E	K	B	U	F	Ó	A	A	L	O	H	U	U
O	D	D	M	A	I	R	T	E	M	Y	S	E	Y	Y	O
J	O	R	Z	E	I	M	A	T	I	E	Í	K	L	K	R
U	P	J	O	X	N	V	I	B	I	I	Č	G	T	N	E
H	G	Y	R	V	Z	T	P	R	I	E	M	E	R	X	Ý
O	W	J	I	Y	N	L	Á	T	N	O	Z	I	R	O	H
L	S	G	B	K	D	I	P	O	V	R	C	H	L	I	U
N	M	E	D	I	Á	N	C	L	O	G	I	K	A	R	R
Í	I	Y	N	Z	L	R	K	E	V	V	N	T	M	Y	K
K	K	A	L	K	U	L	Á	C	I	A	E	J	R	T	R
V	E	R	T	I	K	Á	L	N	Y	C	H	W	L	N	M
Y	W	N	P	B	S	O	C	V	Z	B	C	W	K	N	G

VÝŠKA
UHOL
KALKULÁCIA
KRUH
KRIVKA
PRIEMER
ROZMER
ROVNICE
LOGIKA
MEDIÁN
ČÍSLO
HORIZONTÁLNY
PARALELNÝ
PODIEL
SEGMENT
SYMETRIA
POVRCH
TEÓRIA
TROJUHOLNÍK
VERTIKÁLNY

83 - Foresta Pluviale

P	C	M	E	V	N	B	A	U	C	Z	R	W	D	H	D
O	P	E	A	X	Y	N	D	U	B	Y	I	H	G	F	H
V	R	H	N	C	D	D	D	R	B	X	O	D	G	Y	U
A	E	N	F	N	H	A	G	Ô	K	L	Í	M	A	I	V
H	Ž	H	R	N	Ý	P	F	Z	Y	M	H	U	F	Ť	J
A	I	D	K	Z	R	E	I	N	A	V	O	H	C	A	Z
D	T	R	Y	K	A	L	B	O	T	O	K	V	P	V	Y
D	I	U	E	X	D	G	I	R	I	B	S	T	U	O	W
C	E	H	U	N	H	N	G	O	N	N	I	Á	J	T	D
L	I	U	W	G	L	U	Z	D	U	O	Č	K	C	K	O
L	I	C	Y	U	R	Ž	U	O	M	V	O	Y	X	E	M
F	G	L	A	M	D	D	I	S	O	A	T	V	W	P	O
I	F	G	V	V	G	M	H	Ť	K	G	Ú	P	A	Š	R
L	I	A	O	F	C	M	P	H	E	G	Y	K	L	E	O
V	Y	K	Í	N	L	E	V	I	Ž	J	O	B	O	R	D
B	O	T	A	N	I	C	K	Ý	X	O	G	N	R	J	Ý

OBOJŽIVELNÍKY
BOTANICKÝ
KLÍMA
KOMUNITA
RÔZNORODOSŤ
DŽUNGLE
DOMORODÝ
HMYZ
CICAVCE
MACH
POVAHA
OBLAKY
ZACHOVANIE
CENNÝ
OBNOVA
ÚTOČISKO
REŠPEKTOVAŤ
PREŽITIE
DRUH
VTÁKY

84 - Edifici

T	X	S	C	H	Z	T	Z	R	M	L	L	E	T	O	H
O	K	N	T	R	O	M	W	G	G	D	A	R	H	Y	O
V	H	M	I	A	P	E	E	B	B	T	B	Y	T	Z	S
Á	D	R	S	A	N	A	C	I	N	C	O	M	E	N	T
R	A	C	Y	H	S	Y	V	N	M	N	R	U	K	Ó	O
E	F	K	B	Y	T	R	W	E	N	D	A	E	R	I	D
Ň	C	E	S	U	C	C	X	E	Ž	T	T	Z	A	D	O
D	I	V	A	D	L	O	C	F	S	A	Ó	Ú	M	A	L
G	D	Z	L	K	Z	E	K	I	N	O	R	M	R	T	A
K	Z	G	T	A	A	M	T	A	Y	V	I	W	E	Š	X
L	N	F	V	B	C	Z	I	S	T	V	U	Y	P	H	G
L	P	N	K	Í	P	L	S	Y	O	A	M	T	U	T	K
P	K	M	S	N	W	U	M	G	C	H	W	U	S	L	V
M	V	K	Z	A	F	A	R	M	A	E	J	K	Y	J	C
Š	K	O	L	A	U	N	I	V	E	R	Z	I	T	A	K
O	B	S	E	R	V	A	T	Ó	R	I	U	M	P	N	O

BYT
KABÍNA
HRAD
KINO
TOVÁREŇ
FARMA
STODOLA
HOTEL
LABORATÓRIUM
MÚZEUM
NEMOCNICA
OBSERVATÓRIUM
HOSTEL
ŠKOLA
ŠTADIÓN
SUPERMARKET
DIVADLO
STAN
VEŽA
UNIVERZITA

85 - Malattia

N	G	C	H	R	O	N	I	C	K	Ý	G	E	B	H	T
X	E	Y	O	Z	A	L	E	R	G	I	E	K	M	N	T
K	N	B	D	D	C	L	S	L	F	Y	R	I	Y	Á	D
N	O	H	V	R	G	E	N	E	T	I	C	K	Ý	K	B
A	Y	Í	C	A	H	C	Ý	D	S	Z	A	R	H	A	E
N	S	M	X	V	W	E	L	L	N	E	S	S	E	Z	D
U	G	Z	W	I	T	X	G	A	D	S	L	Y	V	L	R
T	E	L	O	E	I	R	A	I	P	A	R	E	T	I	O
B	R	U	Š	N	Ý	G	B	S	Z	Á	F	S	G	V	V
N	E	U	R	O	P	A	T	I	A	C	Z	U	Z	Ý	E
I	M	U	N	I	T	A	S	Y	N	D	R	Ó	M	B	J
P	T	H	E	O	L	P	S	Y	N	C	Ú	Ľ	P	A	G
T	D	E	D	I	Č	N	Ý	R	H	T	U	T	P	L	Y
M	S	K	G	T	W	I	C	Z	D	I	Ú	L	N	S	X
L	A	J	R	M	O	W	H	W	M	C	H	K	H	Z	S
V	S	R	B	T	M	B	T	D	X	W	E	N	A	J	Z

AKÚTNY
BRUŠNÝ
ALERGIE
WELLNESS
NÁKAZLIVÝ
TELO
CHRONICKÝ
SRDCE
SLABÝ
DEDIČNÝ

GENETICKÝ
IMUNITA
ZÁPAL
BEDROVEJ
NEUROPATIA
PĽÚCNY
DÝCHACÍ
ZDRAVIE
SYNDRÓM
TERAPIA

86 - Paesi #2

D	E	N	O	J	L	I	B	É	R	I	A	P	L	N	P
S	Z	O	L	F	A	I	R	Ý	S	Y	F	E	A	I	K
M	E	X	I	K	O	P	I	J	X	T	G	G	O	G	P
P	D	H	G	A	K	A	O	K	C	É	R	G	S	É	R
T	C	T	B	E	S	J	N	N	Á	D	U	S	Y	R	S
Y	S	H	T	C	N	C	A	E	S	R	D	S	C	I	W
Y	F	D	S	F	Á	F	T	Z	P	K	T	G	P	A	L
H	A	I	T	I	D	U	S	A	A	Á	O	G	U	I	A
V	X	A	X	H	A	K	I	I	L	V	L	G	P	P	U
U	L	A	U	W	W	R	K	Z	Y	B	A	L	F	Ó	T
R	U	S	K	O	D	A	A	É	R	V	Á	D	C	I	A
H	J	S	D	U	H	J	P	N	O	G	A	N	A	T	E
F	V	G	W	T	A	I	O	O	L	R	H	X	S	E	R
G	I	C	X	X	G	N	V	D	D	K	S	W	W	K	O
Í	R	S	K	O	K	A	D	N	A	G	U	N	I	U	O
J	A	M	A	J	K	A	M	I	G	B	B	P	Y	U	X

ALBÁNSKO
DÁNSKO
ETIÓPIA
JAMAJKA
JAPONSKO
GRÉCKO
HAITI
INDONÉZIA
ÍRSKO
LAOS
LIBÉRIA
MEXIKO
NEPÁL
NIGÉRIA
PAKISTAN
RUSKO
SÝRIA
SUDÁN
UKRAJINA
UGANDA

87 - Tipi di Capelli

S	U	C	H	Ý	B	U	R	H	T	X	T	D	X	O	O
Y	Z	C	X	V	V	O	T	J	E	C	X	H	P	D	B
D	Z	A	R	A	B	A	B	G	N	Z	P	L	E	Y	E
P	B	W	X	R	J	Y	R	O	K	G	H	H	H	O	U
F	N	U	D	E	P	O	K	D	Ý	W	L	D	L	H	Ý
J	A	K	U	Č	E	R	Y	A	Z	Š	A	Y	G	B	O
K	A	R	E	U	B	L	O	N	D	E	D	A	M	P	P
L	G	K	E	K	M	Y	W	F	U	D	K	V	H	O	N
P	B	O	R	B	E	I	R	T	S	Á	Ý	Y	U	K	A
K	E	M	D	É	N	E	T	E	L	P	K	F	U	H	L
Č	I	E	R	N	Y	É	K	R	Á	T	K	Y	F	H	S
V	R	K	Ô	Č	I	K	Y	G	Y	L	Ä	L	R	J	R
S	V	C	U	S	R	K	K	Z	L	F	M	E	P	C	H
B	I	W	N	N	N	H	I	L	B	S	S	I	K	V	D
P	L	E	Š	A	T	Ý	S	H	Z	C	E	B	A	K	Z
H	N	E	D	Ý	V	N	G	N	Y	S	R	J	S	R	I

STRIEBRO
SUCHÝ
BIELY
BLOND
KRÁTKY
PLEŠATÝ
FAREBNÉ
ŠEDÁ
PLETENÉ
HLADKÝ
DLHÝ
HNEDÝ
MÄKKÝ
ČIERNY
KUČERAVÝ
KUČERY
ZDRAVÝ
TENKÝ
HRUBÝ
VRKÔČIKY

88 - Vestiti

D	S	U	K	Ň	A	A	K	N	Á	P	O	T	Š	Á	L
G	Ž	N	C	L	D	Ť	Š	Á	L	P	W	W	W	C	K
F	V	Í	M	E	Ó	I	D	H	D	G	B	G	H	I	P
O	M	K	N	P	M	D	R	R	E	T	E	V	S	B	H
A	R	E	T	S	Á	Z	M	D	K	F	T	T	U	D	J
H	Y	S	I	Á	Y	J	F	E	C	I	V	A	H	O	N
Z	A	O	X	P	T	B	G	L	L	C	T	V	R	T	V
B	X	E	M	H	A	E	H	N	X	Á	C	V	K	T	A
D	U	A	Ľ	E	Š	O	K	Í	Y	M	D	W	O	W	R
O	G	N	A	C	I	T	M	K	B	A	J	N	M	K	U
U	D	H	D	K	L	O	B	Ú	K	Ž	K	U	A	Y	K
Y	I	F	F	A	K	Z	Ú	L	B	Y	Y	B	R	S	A
I	P	C	N	P	E	E	W	R	A	P	V	G	Á	A	V
Y	M	F	L	S	H	H	L	T	L	G	M	R	N	J	I
G	F	D	Z	S	T	Y	G	N	W	X	K	I	R	J	C
J	A	S	D	U	M	P	H	B	D	K	F	S	Y	F	E

ŠATY
NÁRAMOK
BLÚZKA
KOŠEĽA
KLOBÚK
PLÁŠŤ
PÁS
NÁHRDELNÍK
BUNDA
SUKŇA

ZÁSTERA
RUKAVICE
DŽÍNSY
SVETER
MÓDA
NOHAVICE
PYŽAMÁ
SANDÁLE
TOPÁNKA
ŠÁL

89 - Arte

P	P	D	E	V	I	Z	U	Á	L	N	Y	A	S	Y	F
V	T	Ý	D	I	R	Ú	F	Z	I	W	E	W	U	L	Y
Y	P	E	N	B	W	U	P	E	K	O	Z	Á	R	B	O
K	O	B	R	A	Z	Y	V	R	A	A	P	C	R	Y	O
R	N	P	T	H	V	Ý	K	C	I	M	A	R	E	K	S
E	J	V	E	C	H	O	M	L	Z	M	I	T	A	K	O
S	Z	E	M	O	Z	G	R	V	É	Y	N	N	L	V	B
L	U	I	D	S	F	M	X	I	O	O	K	Ý	I	Ý	N
I	K	N	E	N	D	N	A	D	P	R	X	I	Z	R	Ý
Ť	D	E	R	K	O	Y	W	K	W	Š	Ý	N	M	A	M
N	U	Ž	P	Y	K	D	C	M	F	V	N	P	U	Z	X
T	D	O	L	U	S	A	U	A	A	F	D	I	S	Y	B
P	C	L	O	B	M	Y	S	C	O	N	O	T	L	C	K
G	L	Z	N	Á	L	A	D	A	H	Y	V	W	C	J	T
V	Y	T	V	O	R	I	Ť	A	G	Ý	Ô	H	X	F	L
K	O	M	P	L	E	X	N	É	N	U	P	G	K	B	W

KERAMICKÝ
KOMPLEXNÉ
ZLOŽENIE
VYTVORIŤ
OBRAZY
VÝRAZ
OBRÁZOK
INŠPIROVANÝ
ÚPRIMNÝ
PÔVODNÝ
OSOBNÝ
POÉZIA
VYKRESLIŤ
SOCHA
JEDNODUCHÝ
SYMBOL
PREDMET
SURREALIZMUS
NÁLADA
VIZUÁLNY

90 - Meteo

N	X	N	K	A	M	N	Ľ	D	H	L	M	S	O	K	Y
K	A	C	U	U	T	J	A	L	M	H	R	U	R	C	Y
C	W	E	A	A	L	M	D	D	P	M	A	C	V	D	M
H	U	R	I	K	Á	N	O	E	F	O	K	H	C	Ú	O
U	B	T	X	S	R	N	H	S	L	R	L	Ý	U	H	N
F	B	U	O	E	U	Ú	A	H	F	H	D	Á	L	A	Z
Y	W	E	V	L	E	E	B	E	B	É	W	F	R	U	Ú
J	R	S	L	B	Y	B	L	X	D	T	R	L	O	N	N
A	K	L	Í	M	A	N	T	N	E	B	A	A	X	U	Y
S	U	C	H	O	L	E	F	D	H	R	T	O	M	H	G
T	O	R	N	Á	D	O	Y	A	E	A	E	O	U	V	X
Y	T	O	A	Y	E	X	Ý	K	C	I	P	O	R	T	D
I	X	T	O	F	J	Y	D	P	T	S	L	D	I	N	S
W	I	E	K	G	H	F	Y	C	N	K	O	N	Á	V	R
R	D	I	S	X	T	A	F	I	G	W	T	H	A	W	A
J	A	V	J	N	D	E	R	U	B	U	A	B	L	K	H

DÚHA
SUCHÝ
ATMOSFÉRA
VÁNOK
NEBA
KLÍMA
BLESK
ĽAD
MONZÚN
HMLA
MRAK
POLÁRNY
SUCHO
TEPLOTA
BÚRKA
TORNÁDO
TROPICKÝ
HROM
HURIKÁN
VIETOR

91 - Corpo Umano

R	U	K	A	H	O	N	F	A	Y	B	G	M	T	S	C
B	I	R	Á	V	T	Y	D	F	C	Y	X	W	O	R	Z
G	K	K	K	H	L	A	V	A	V	E	P	L	Y	D	F
M	O	Z	O	G	B	T	I	R	R	S	W	A	T	C	F
X	Ť	C	K	R	G	R	L	W	Y	P	T	B	E	E	N
W	E	E	O	H	C	U	Y	M	M	R	Z	U	R	P	C
D	K	K	R	V	Č	V	X	S	W	S	K	L	Z	Y	S
R	A	M	E	N	O	L	T	S	N	T	S	E	Y	M	J
K	L	E	U	X	X	V	E	C	O	T	U	U	N	F	P
B	V	S	Y	T	U	Z	X	N	S	E	L	J	O	D	N
O	R	V	J	N	R	K	Z	W	O	F	B	O	Y	Y	U
I	T	A	H	K	A	R	O	F	E	K	C	R	B	Z	T
F	P	T	D	K	O	Ž	A	L	V	U	L	H	E	G	C
F	H	S	D	A	T	R	F	L	E	N	I	I	X	W	Z
C	Y	Ú	E	L	D	G	J	V	M	N	M	R	G	F	H
E	Ž	A	L	Ú	D	O	K	J	H	F	O	P	G	C	B

ÚSTA
ČLENOK
MOZOG
KRK
SRDCE
PRST
TVÁR
NOHA
KOLENO
LAKEŤ
RUKA
BRADA
NOS
OKO
UCHO
KOŽA
KRV
RAMENO
ŽALÚDOK
HLAVA

92 - Mammiferi

V	L	K	I	L	Á	R	K	A	B	T	T	L	O	S	P
F	K	K	Ô	Ň	T	N	T	S	X	O	O	N	P	A	R
Ň	Ď	N	A	X	L	I	Z	Y	I	J	X	H	I	Y	X
V	E	Ľ	R	Y	B	A	L	I	R	O	G	X	C	H	Z
E	V	L	B	H	W	K	K	L	O	K	A	N	A	G	D
L	D	U	E	L	F	Č	G	Š	A	F	F	O	R	W	Y
O	E	A	Z	J	V	A	T	U	Í	U	A	L	E	H	X
H	M	C	Z	I	L	M	T	C	U	L	R	S	G	M	J
A	J	K	N	A	M	W	O	T	S	Y	I	E	Y	H	Z
I	X	Y	N	O	S	K	L	V	I	D	Ž	P	P	A	N
D	W	L	L	V	X	O	K	K	C	P	E	B	N	C	U
D	Y	A	S	F	W	N	Í	F	L	E	D	I	C	X	L
H	U	N	A	R	O	F	H	R	Y	W	N	D	X	B	Y
Y	J	V	R	C	N	V	A	Z	C	R	K	Y	N	Z	C
B	Ý	K	T	W	W	K	N	U	F	E	R	G	D	W	J
H	J	T	Y	P	T	K	F	V	X	V	S	Z	Z	J	D

VEĽRYBA
PES
KLOKAN
KÔŇ
JELEŇ
KRÁLIK
KOJOT
DELFÍN
SLON
MAČKA
ŽIRAFA
GORILA
LEV
VLK
MEDVEĎ
OVCE
OPICA
BÝK
LÍŠKA
ZEBRA

93 - Cucina

L	R	E	C	E	P	T	G	Z	C	M	K	M	T	G	B
A	A	Ž	C	L	T	V	X	N	Z	R	O	A	X	Z	D
B	J	O	K	I	H	U	B	K	A	A	R	X	M	F	X
R	F	N	J	E	Ž	F	G	O	R	Z	E	I	W	K	W
P	P	H	D	D	A	Y	O	S	E	N	N	T	J	A	M
E	O	G	D	P	S	K	L	Ú	T	I	I	I	T	N	I
V	B	H	M	O	T	Č	D	R	S	Č	E	L	A	V	S
R	I	C	Á	H	F	I	E	B	Á	K	Y	X	V	I	K
N	R	D	Y	R	C	L	J	O	Z	A	T	H	W	C	A
U	I	V	L	K	R	A	P	U	W	N	C	Y	U	A	P
A	E	W	U	I	T	P	R	Ú	R	A	V	B	H	U	I
G	E	T	J	D	Č	C	H	L	A	D	N	I	Č	K	A
G	R	I	L	Ž	A	K	Č	A	R	E	B	A	N	D	F
R	M	F	C	B	N	H	Y	Y	V	X	S	O	B	R	L
K	P	D	H	Á	M	J	R	U	N	J	N	R	W	I	D
W	F	C	I	N	O	Z	E	Z	P	M	Z	H	A	J	R

PALIČKY
KANVICA
DŽBÁN
JEDLO
MISKA
NOŽE
MRAZNIČKA
LYŽICE
VIDLIČKY
RÚRA
CHLADNIČKA
ZÁSTERA
GRIL
NABERAČKA
RECEPT
KORENIE
HUBKA
POHÁR
OBRÚSOK
JAR

94 - Giardinaggio

P	L	H	T	G	O	O	A	V	J	X	P	Ô	D	A	E
F	K	C	T	M	P	X	Y	L	A	Y	L	O	I	D	X
V	P	X	S	O	C	D	L	H	M	I	A	O	Ý	O	O
X	T	D	I	J	R	W	I	K	Š	C	S	X	K	V	T
Y	N	N	Ó	Z	E	S	S	O	Z	P	G	K	C	Y	I
O	A	T	Z	W	N	D	T	S	V	K	I	Á	I	E	C
P	Z	E	A	I	J	A	L	Ť	S	X	V	N	N	W	K
H	A	D	I	C	A	S	I	É	F	N	Z	E	A	J	Ý
K	J	A	Y	J	T	Y	X	B	G	L	T	M	T	A	O
O	T	U	F	D	N	V	J	U	H	J	N	E	O	A	Z
M	N	Z	F	N	O	Y	O	D	N	V	K	S	B	R	D
P	Z	F	V	S	K	I	I	R	K	Y	T	I	C	A	P
O	L	Í	S	T	I	E	G	U	M	J	M	B	A	M	N
S	E	A	N	P	N	I	D	H	W	J	U	J	N	Í	Y
T	A	P	A	K	V	E	T	I	N	O	V	Ý	U	L	X
S	I	S	G	I	Z	D	V	C	K	S	G	U	S	K	C

VODA
BOTANICKÝ
KLÍMA
JEDLÉ
KOMPOST
KONTAJNER
EXOTICKÝ
KVET
KVETINOVÝ
LIST

LÍSTIE
SAD
KYTICA
SEMENÁ
DRUH
ŠPINA
SEZÓNNY
PÔDA
HADICA
VLHKOSŤ

95 - Universo

L	N	E	B	E	S	K	Ý	L	S	O	L	Á	R	N	Y
P	O	K	S	E	L	E	T	N	O	Z	I	R	O	H	T
C	L	G	S	C	A	B	E	N	S	U	Y	R	F	C	S
I	R	E	I	N	H	S	A	T	M	O	S	F	É	R	A
G	Y	X	Y	T	B	U	T	O	S	D	Z	Z	T	A	R
B	E	U	J	G	U	A	O	E	M	A	S	T	I	S	E
C	J	M	Z	K	W	D	I	N	R	S	G	A	R	T	V
G	F	Ó	D	R	I	U	E	T	O	O	O	I	O	R	I
S	L	N	O	V	R	A	T	P	P	A	I	E	R	O	D
L	F	O	H	E	M	I	S	F	É	R	A	D	B	N	I
H	U	R	K	O	R	E	V	Z	R	X	L	C	I	Ó	T
L	T	T	Y	R	P	P	L	B	O	T	D	H	T	M	E
A	K	S	Z	J	T	X	I	V	V	M	U	M	A	I	Ľ
V	Z	A	M	E	S	I	A	C	N	A	A	G	K	A	N
K	O	Z	M	I	C	K	Ý	E	Í	C	R	X	Y	K	Ý
O	D	G	A	L	A	X	I	A	K	L	W	F	R	Y	L

ASTEROID
ASTRONÓMIA
ASTRONÓM
ATMOSFÉRA
TMA
NEBESKÝ
NEBA
KOZMICKÝ
HEMISFÉRA
ROVNÍK

GALAXIA
LOGITUDE
MESIAC
ORBITA
HORIZONT
SOLÁRNY
SLNOVRAT
TELESKOP
VIDITEĽNÝ
ZVEROKRUH

96 - Jazz

U	Z	X	K	P	C	M	L	Z	U	K	L	G	K	A	I
A	I	R	D	O	F	M	L	A	M	B	N	R	P	O	M
K	T	J	H	W	N	K	P	E	E	Y	X	D	O	B	P
I	M	P	C	O	S	C	X	S	L	J	N	F	T	Ľ	R
N	O	V	Ý	J	T	R	E	S	E	Ý	L	C	L	Ú	O
H	X	P	I	E	S	E	Ň	R	C	U	T	P	E	B	V
C	W	O	I	I	I	T	Z	R	T	C	N	Š	S	E	I
E	C	F	P	N	E	S	A	W	G	X	E	L	K	N	Z
T	O	Z	J	E	Ľ	E	T	A	D	A	L	K	S	É	Á
V	D	P	P	Ž	B	H	M	U	B	L	A	C	E	Y	C
W	H	E	C	O	M	C	Y	G	B	D	T	F	D	M	I
B	S	B	V	L	O	R	E	N	Á	Ž	U	J	B	Z	A
F	G	Y	Z	Z	R	O	D	Ô	R	A	Z	H	U	O	S
B	S	L	Á	V	N	Y	H	S	T	A	R	Ý	U	L	C
T	J	Y	J	V	R	Y	T	M	U	S	J	W	J	N	P
O	H	F	O	Z	N	O	E	T	W	J	R	V	L	W	G

ALBUM
POTLESK
UMELEC
PIESEŇ
SKLADATEĽ
ZLOŽENIE
KONCERT
DÔRAZ
SLÁVNY
ŽÁNER
IMPROVIZÁCIA
HUDBA
NOVÝ
ORCHESTER
OBĽÚBENÉ
RYTMUS
ŠTÝL
TALENT
TECHNIKA
STARÝ

97 - Vacanze #2

L	C	Y	D	S	A	Č	Ý	N	Ľ	O	V	U	N	N	C
V	E	E	O	T	Z	E	S	K	B	L	A	P	G	D	K
O	L	T	K	A	Í	Z	A	K	N	E	L	O	V	O	D
R	E	A	I	N	V	H	P	S	C	R	M	L	J	R	R
T	T	V	K	S	W	H	M	L	M	O	A	E	H	M	E
S	O	A	W	G	K	N	E	M	Á	M	P	E	E	L	Š
O	H	R	C	P	Y	O	K	S	L	Ž	A	L	B	C	T
M	X	P	H	C	F	C	B	T	G	Y	K	A	N	E	A
R	W	E	Z	N	F	I	X	A	G	B	X	V	C	S	U
P	N	R	H	Y	U	E	H	X	A	O	W	O	I	T	R
E	O	P	I	I	D	Ľ	R	I	O	R	T	Z	Z	A	Á
F	O	T	O	G	R	A	F	I	E	K	G	E	D	L	C
T	B	M	F	C	W	U	H	B	F	R	U	E	S	O	I
A	W	R	D	V	I	C	U	D	Z	I	N	E	C	F	A
E	Y	T	B	K	U	V	G	D	P	N	E	X	C	D	M
C	M	P	A	L	G	I	P	S	R	V	R	K	B	C	O

LETISKO
KEMP
CIEĽ
FOTOGRAFIE
HOTEL
OSTROV
MAPA
MORE
PAS
REŠTAURÁCIA
PLÁŽ
CUDZINEC
TAXI
VOĽNÝ ČAS
STAN
PREPRAVA
VLAK
DOVOLENKA
CESTA
VÍZA

98 - Attività

D	B	R	N	G	S	A	K	V	O	Ľ	N	Ý	Č	A	S
Z	Z	P	E	P	C	N	N	Ú	Y	A	L	Y	Ť	J	A
R	X	T	Y	M	J	U	Á	Z	Z	W	O	F	S	D	L
Č	E	B	R	E	E	L	U	F	X	L	V	Z	O	R	E
Í	C	L	H	K	S	S	N	M	Ť	S	O	N	N	I	Č
T	B	P	A	A	X	A	L	L	V	S	N	Š	Č	Z	N
A	R	O	K	X	W	T	Z	Á	Y	K	Y	I	U	B	K
N	Y	T	I	I	Á	B	W	S	C	C	R	T	R	Y	D
I	B	E	T	W	X	C	M	B	X	T	O	I	Z	X	L
E	O	Š	S	T	Y	E	I	N	E	M	U	E	I	R	Z
Z	L	E	I	D	C	N	T	A	K	I	M	A	R	E	K
R	O	N	R	S	L	A	Y	J	H	P	O	C	P	L	G
L	V	I	U	N	G	T	G	K	O	L	C	I	I	B	B
D	N	E	T	I	H	Á	D	A	N	K	Y	S	Z	F	M
L	W	Z	Á	H	R	A	D	N	Í	C	T	V	O	N	I
A	R	T	O	V	M	F	X	J	C	Y	I	C	S	T	Y

ZRUČNOSŤ
UMENIE
REMESLÁ
ČINNOSŤ
LOV
KEMP
KERAMIKA
ŠITIE
TANEC
TURISTIKA

ZÁHRADNÍCTVO
HRY
ZÁUJMY
ČÍTANIE
KÚZLO
RYBOLOV
POTEŠENIE
HÁDANKY
RELAXÁCIA
VOĽNÝ ČAS

99 - Diplomazia

O	D	D	C	E	N	A	L	S	Y	V	Ľ	E	V	Y	F
B	P	I	I	U	U	T	G	G	X	Z	M	L	U	V	A
Č	V	D	P	S	E	I	N	E	Š	E	I	R	R	S	C
A	V	M	G	L	K	N	T	A	C	D	A	R	O	P	Á
N	L	D	C	F	O	U	T	D	P	V	U	L	Z	R	R
I	Á	W	Z	J	L	M	S	Y	T	G	O	O	H	A	P
A	D	X	N	C	L	O	A	I	K	F	X	R	O	V	U
O	A	D	U	A	O	K	M	T	A	K	H	G	D	O	L
Z	B	S	F	H	L	Z	C	K	I	G	S	F	N	D	O
B	X	Č	R	R	T	N	Y	I	V	C	Y	R	U	L	P
F	X	R	I	R	I	C	L	L	Y	F	K	L	T	I	S
P	D	C	K	A	Y	F	R	F	I	L	Y	Ý	I	V	Z
E	Y	V	M	P	N	M	I	N	W	L	Z	R	E	O	R
B	E	T	I	K	A	S	V	O	F	J	A	W	R	S	U
F	K	W	K	H	T	J	K	K	S	O	J	U	J	Ť	C
P	O	L	I	T	I	K	A	Y	O	I	S	X	O	P	R

VEĽVYSLANEC
OBČANIA
OBČIANSKY
KOMUNITA
KONFLIKT
PORADCA
SPOLUPRÁCA
DIPLOMATICKÝ
DISKUSIA
ETIKA
SPRAVODLIVOSŤ
VLÁDA
JAZYKY
POLITIKA
ROZHODNUTIE
RIEŠENIE
ZMLUVA

100 - Forniture Artistiche

T	Á	R	A	P	A	O	T	O	F	P	L	A	T	S	R
H	F	S	D	D	Y	L	E	R	A	V	K	A	V	S	X
W	T	X	F	V	K	E	N	V	O	D	A	N	O	M	K
K	L	T	B	T	Z	J	L	Á	V	X	A	I	R	D	C
S	N	V	W	W	U	K	M	E	P	O	L	L	I	N	K
O	P	W	P	N	R	K	R	L	P	A	H	H	V	I	E
T	A	M	U	G	E	U	A	T	G	I	D	M	O	B	F
Z	S	F	J	G	C	H	Y	L	M	S	D	Y	S	V	Y
V	T	Z	C	N	W	L	W	P	Z	D	K	L	Ť	E	B
R	E	I	P	A	P	I	O	K	O	A	A	S	O	E	R
M	L	A	P	J	S	E	H	S	A	A	K	R	Y	L	A
A	Y	P	R	O	S	T	O	L	I	Č	K	A	L	E	F
G	V	J	F	T	N	E	M	A	R	T	A	Z	L	C	J
L	H	Z	D	S	H	M	H	S	A	B	T	L	U	P	K
G	J	C	X	Y	S	B	Z	W	P	Y	P	B	P	R	L
T	A	B	U	Ľ	K	A	X	G	P	U	B	H	B	C	A

VODA
AKVARELY
AKRYL
HLINA
UHLIE
PAPIER
STOJAN
LEPIDLO
FARBY
TVORIVOSŤ

GUMA
NÁPADY
ATRAMENT
CERUZKY
OLEJ
PASTELY
STOLIČKA
KEFY
TABUĽKA
FOTOAPARÁT

1 - Salute e Benessere #2

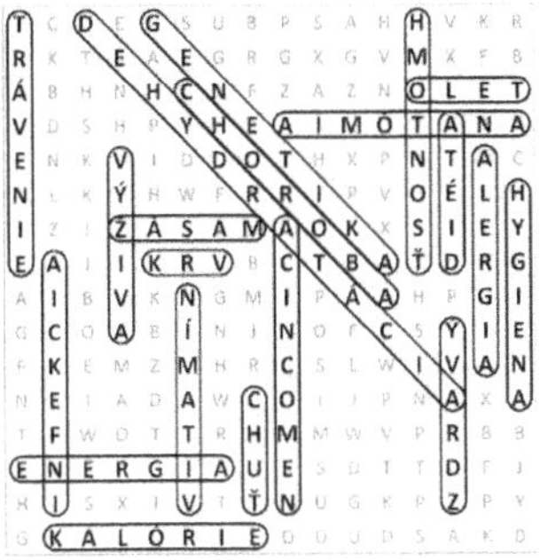

2 - Aggettivi #2

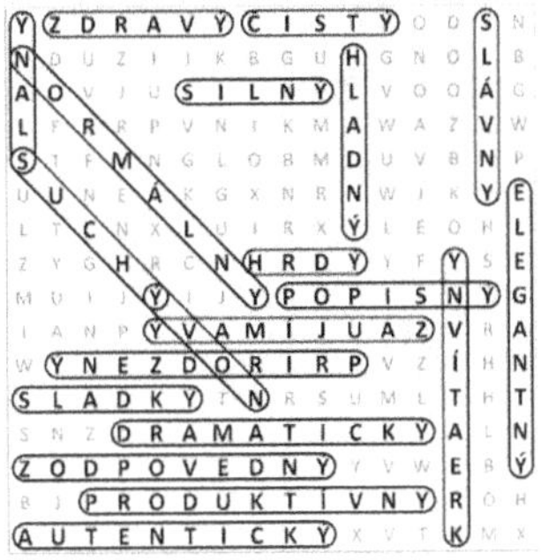

3 - Ingegneria

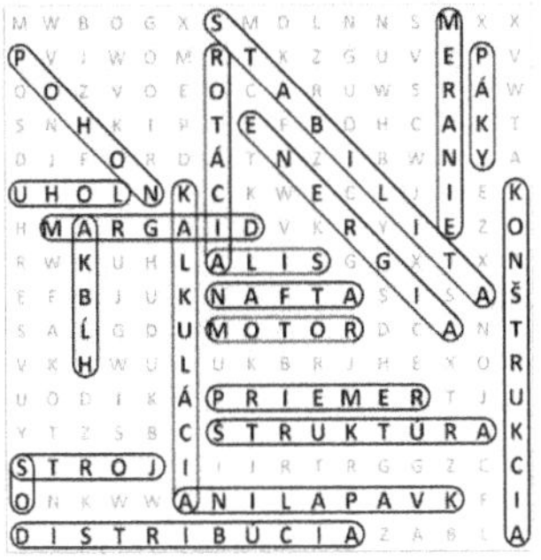

4 - Archeologia

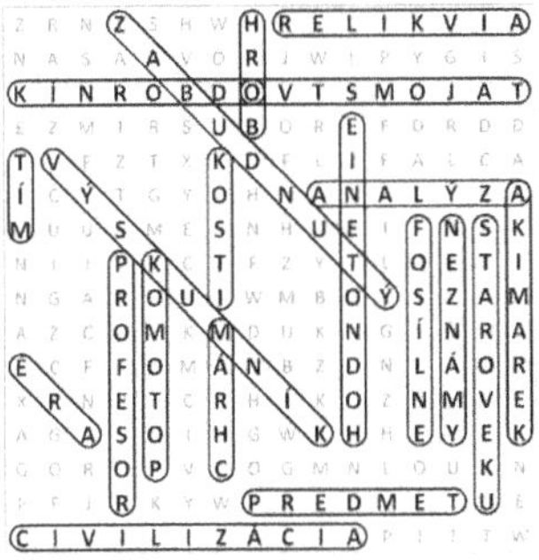

5 - Salute e Benessere #1

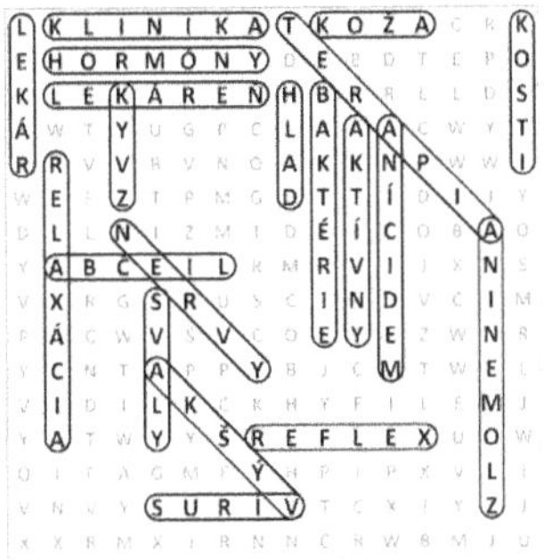

6 - Aggettivi #1

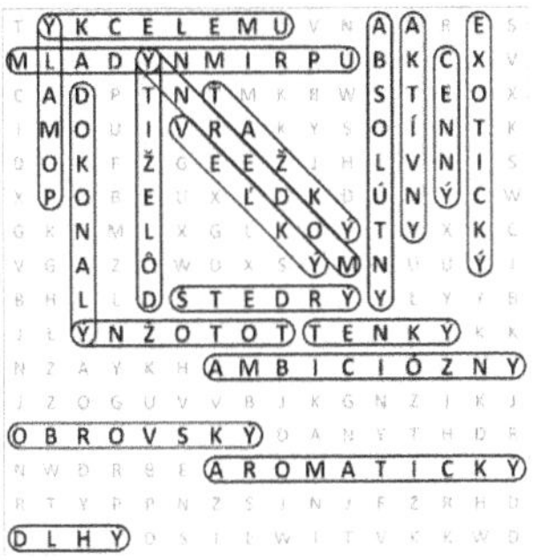

7 - Geologia

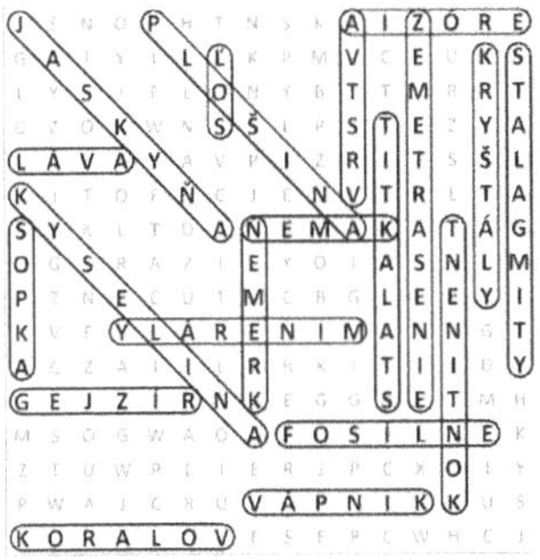

8 - Campeggio

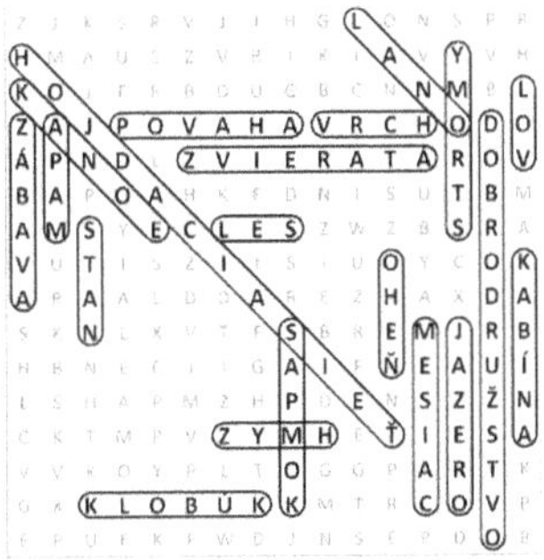

9 - Tempo

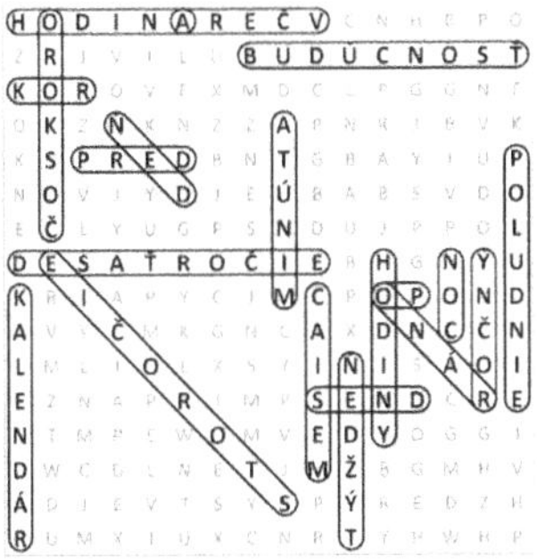

10 - Astronomia

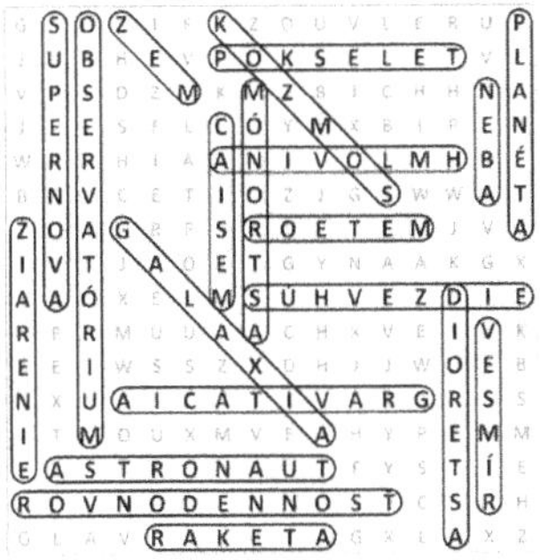

11 - Algebra

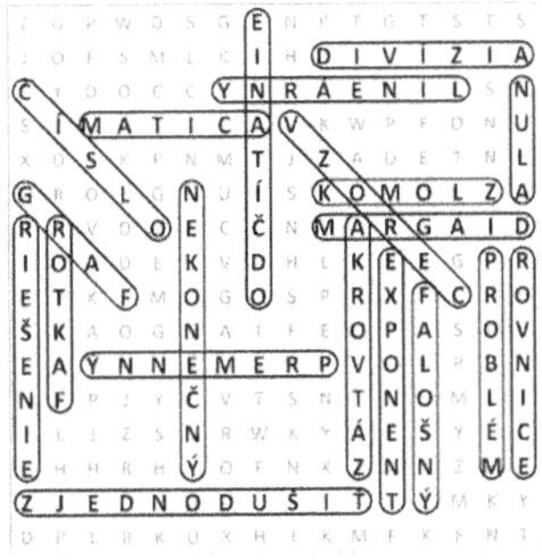

12 - Mitologia

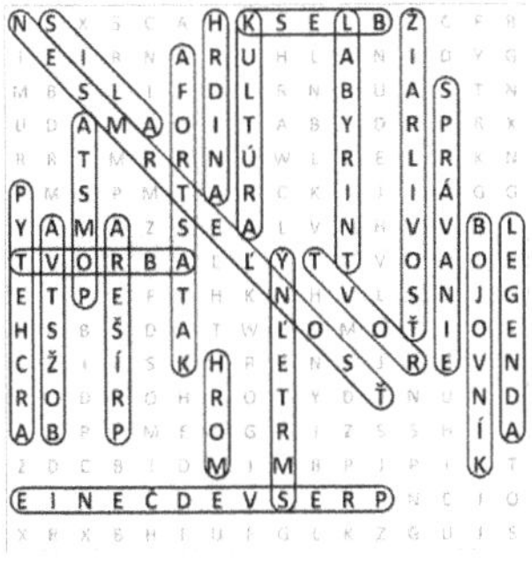

13 - Piante

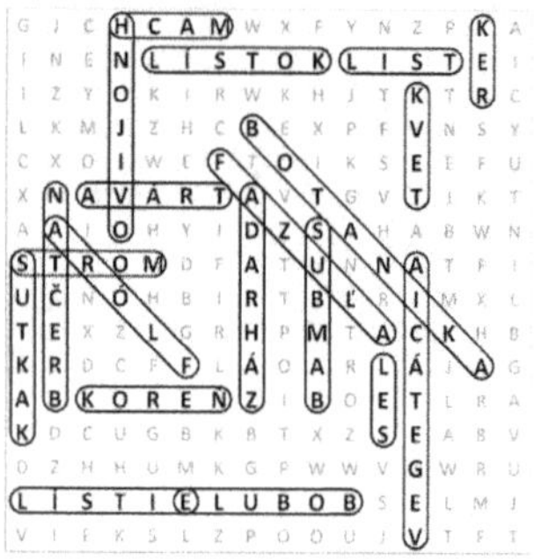

14 - Numeri

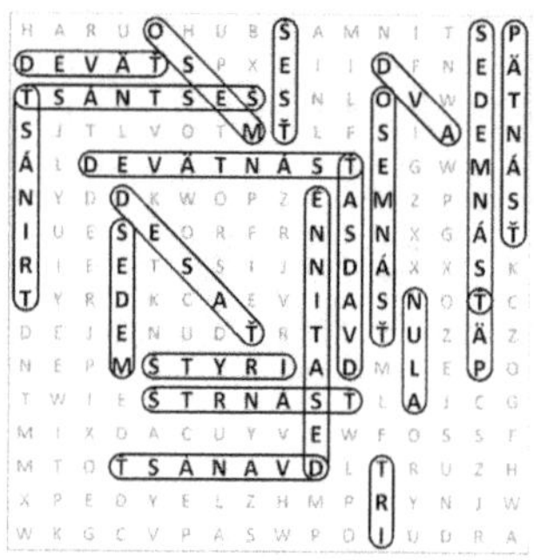

15 - Cioccolato

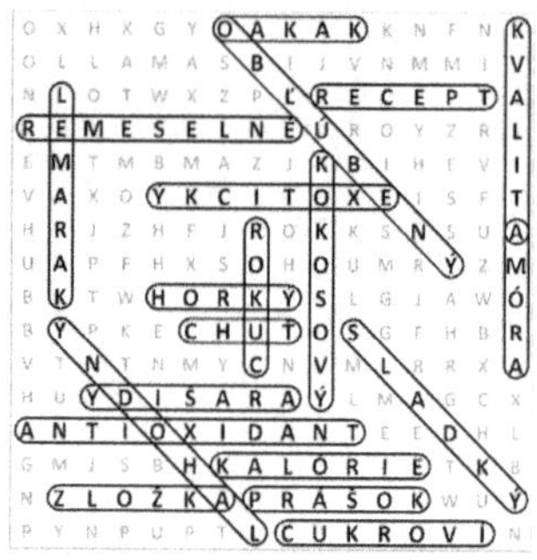

16 - Guida

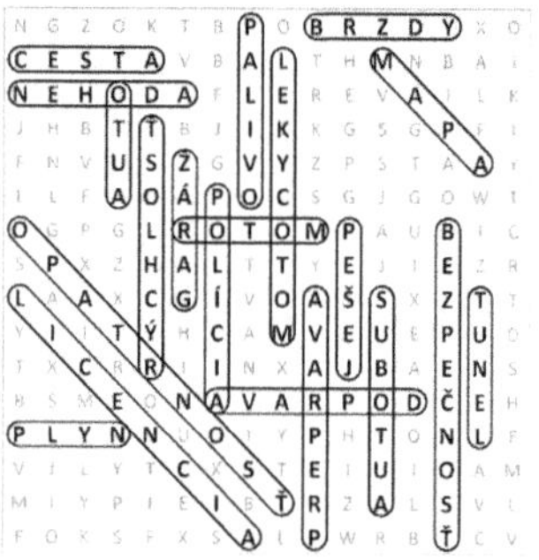

17 - I Media

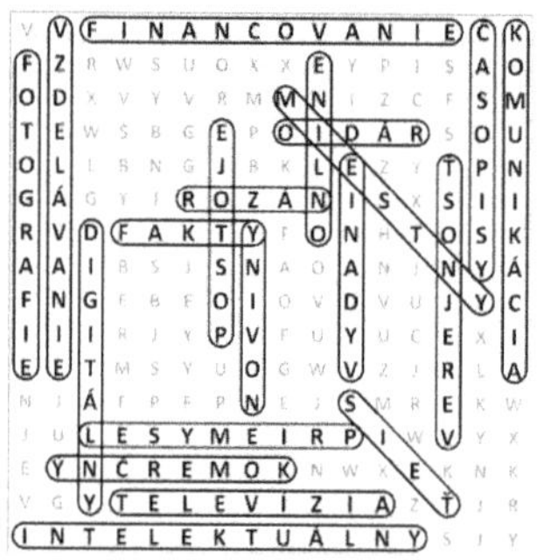

18 - Forza e Gravità

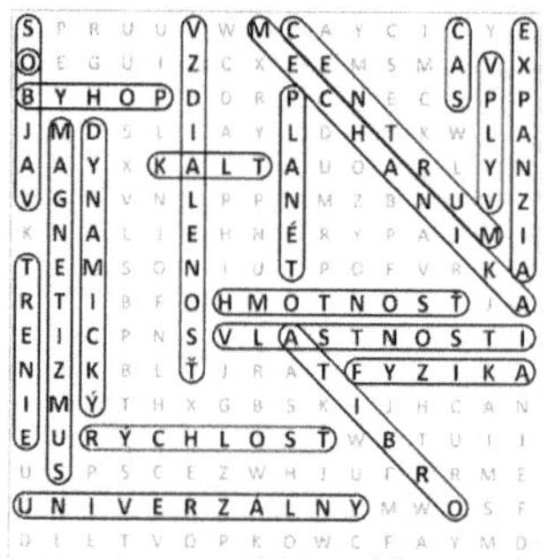

19 - Sport

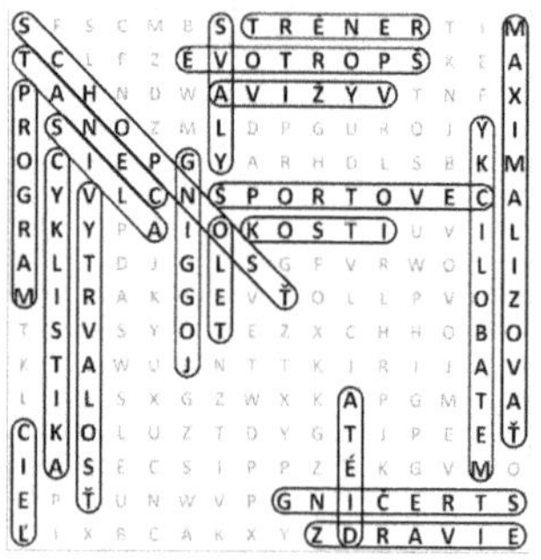

20 - Uccelli

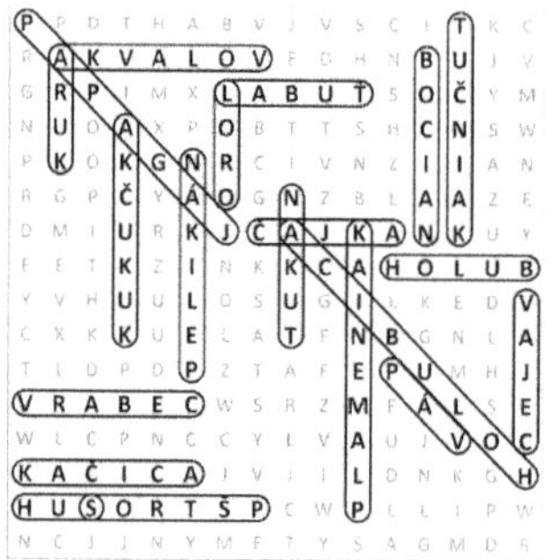

21 - Giorni e Mesi

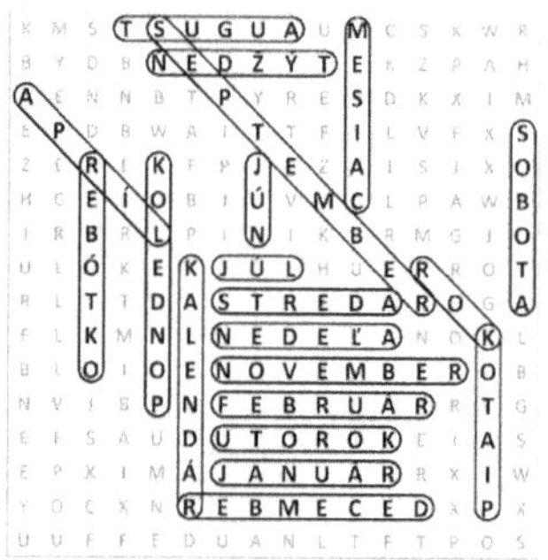

22 - Casa

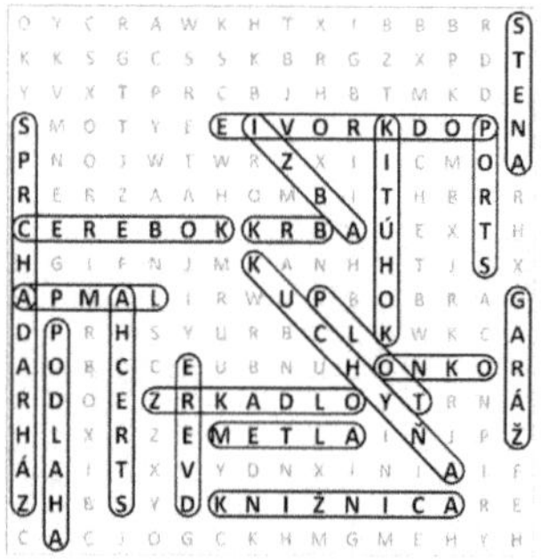

23 - Ristorante #1

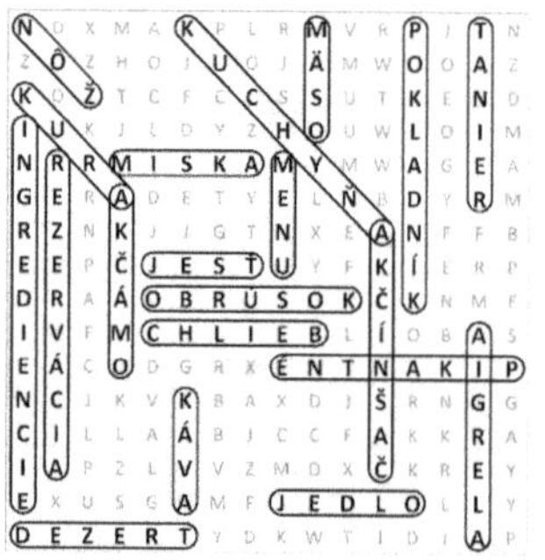

24 - Fantascienza

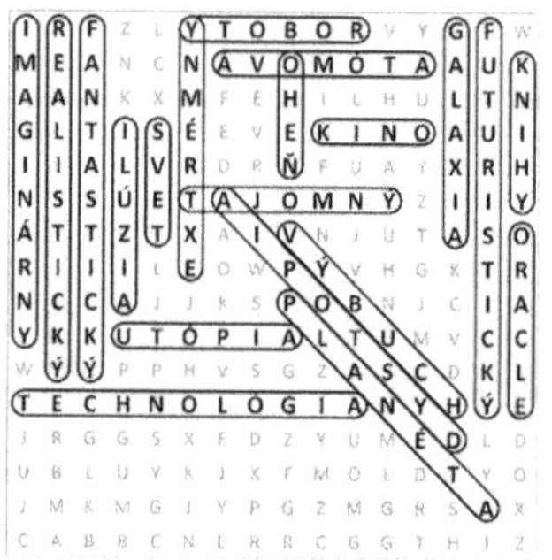

25 - Città

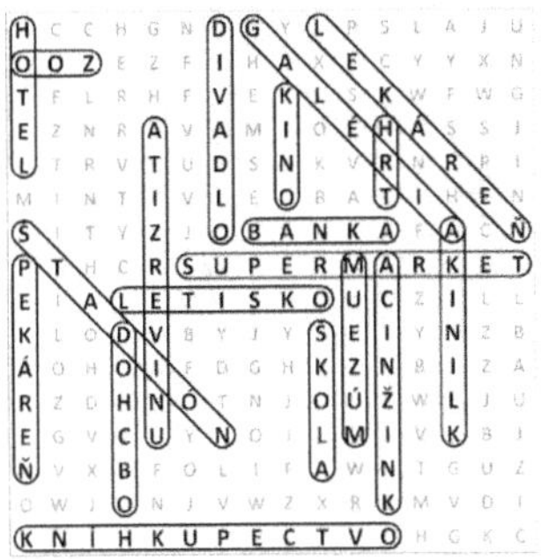

26 - Fattoria #1

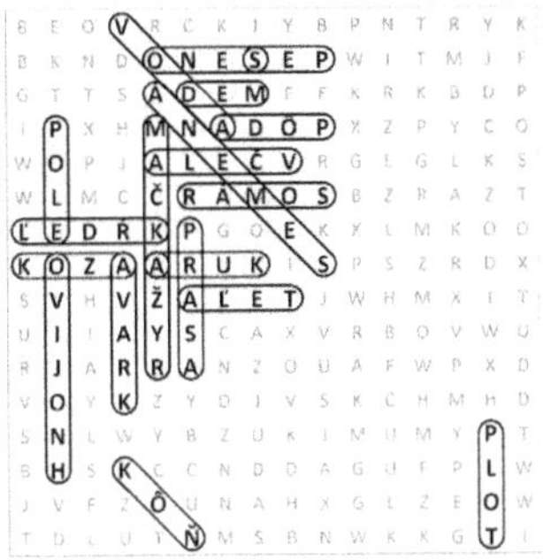

27 - Psicologia

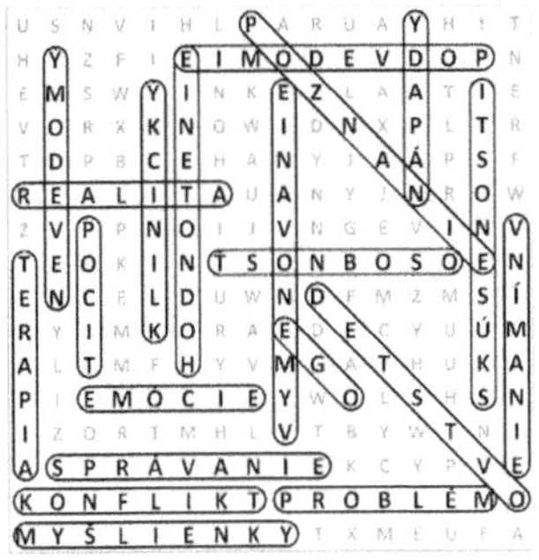

28 - Paesaggi

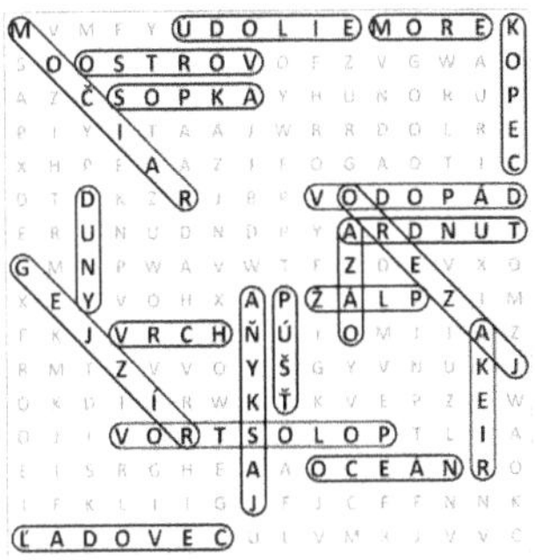

29 - Energia

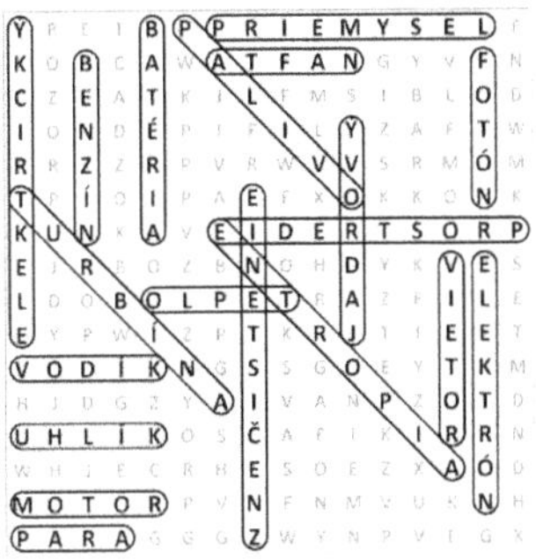

30 - Ristorante #2

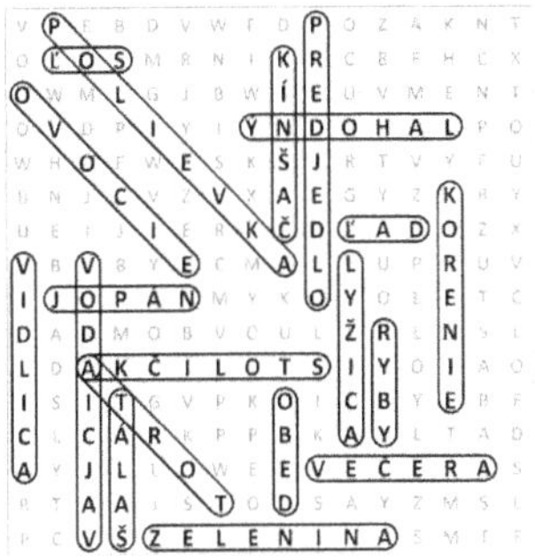

31 - L'Azienda

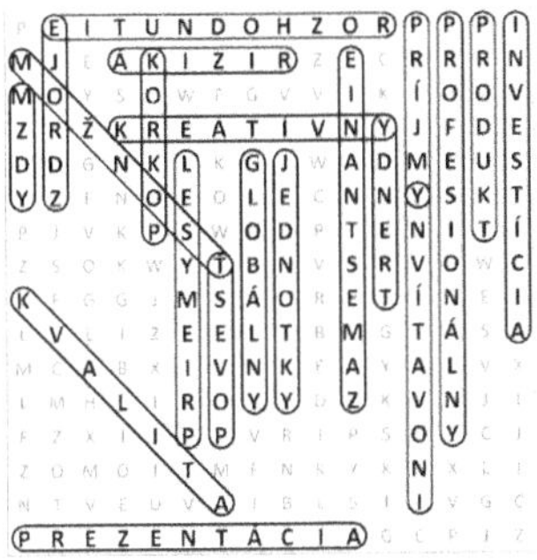

32 - Giardino

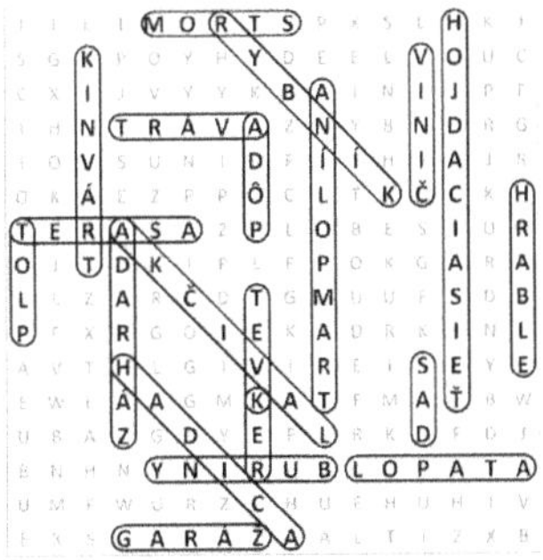

33 - Riscaldamento Gl

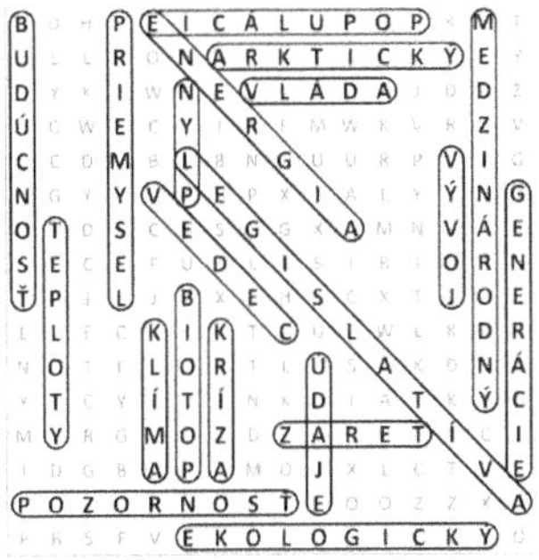

34 - Frutta

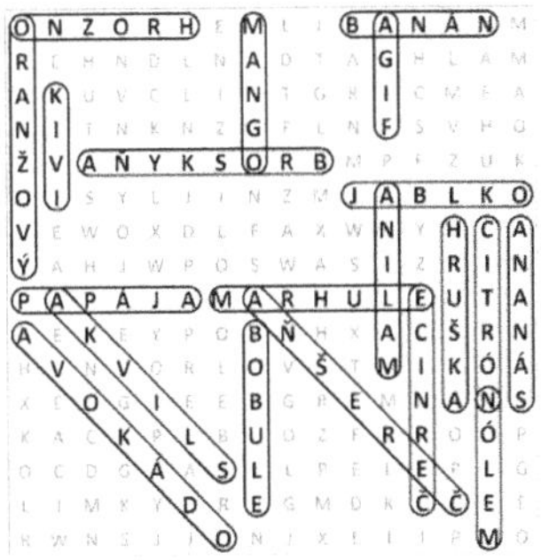

35 - Fattoria #2

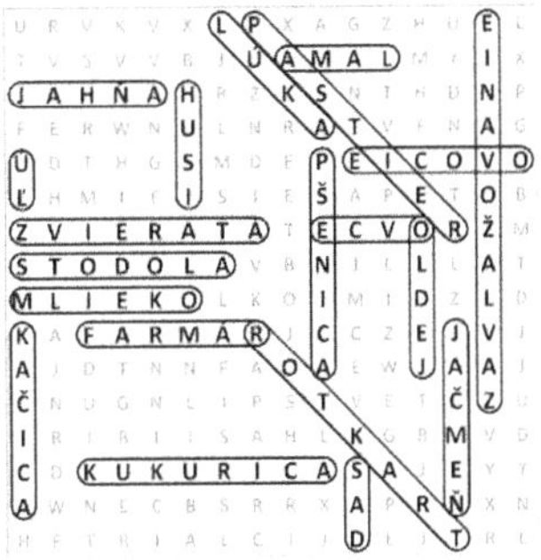

36 - Verdure

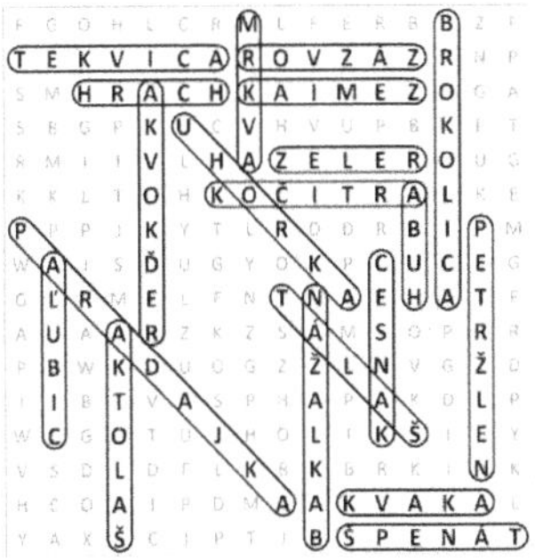

37 - Musica

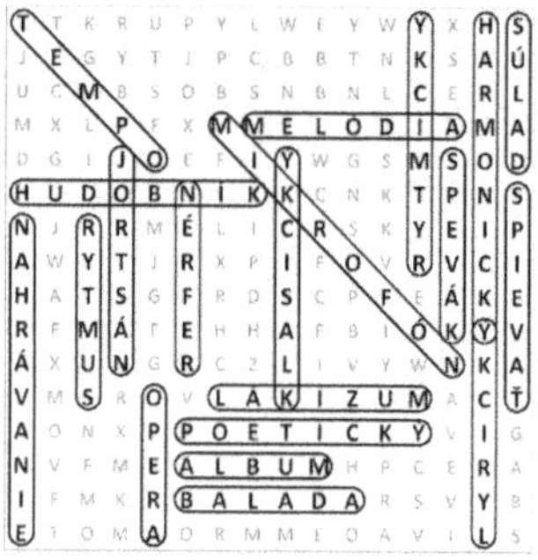

38 - Barbecue

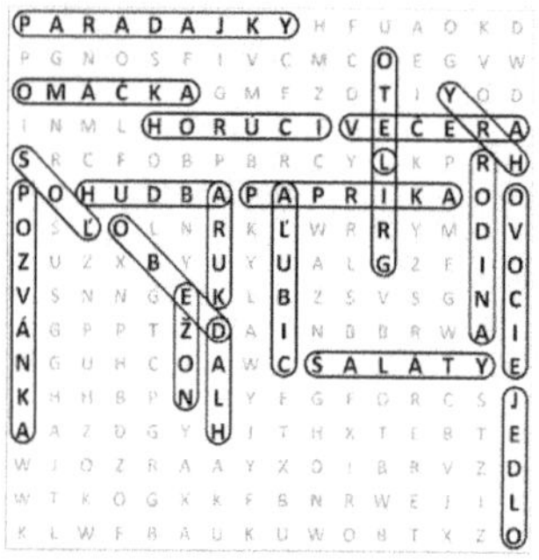

39 - Insetti

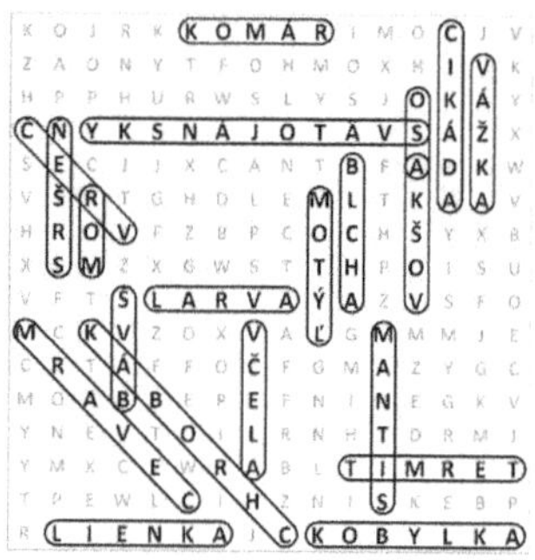

40 - Fisica

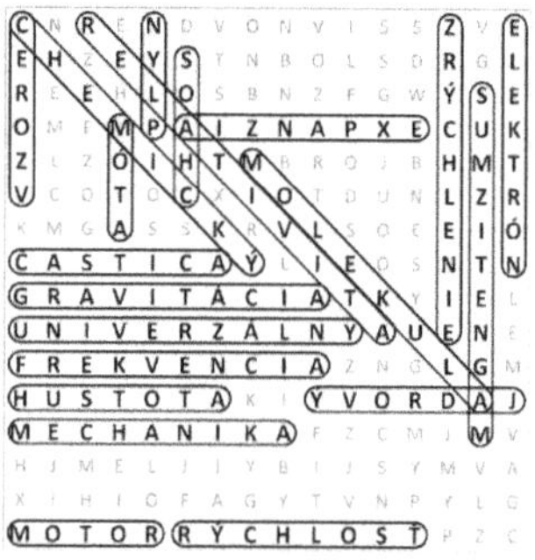

41 - Agronomia

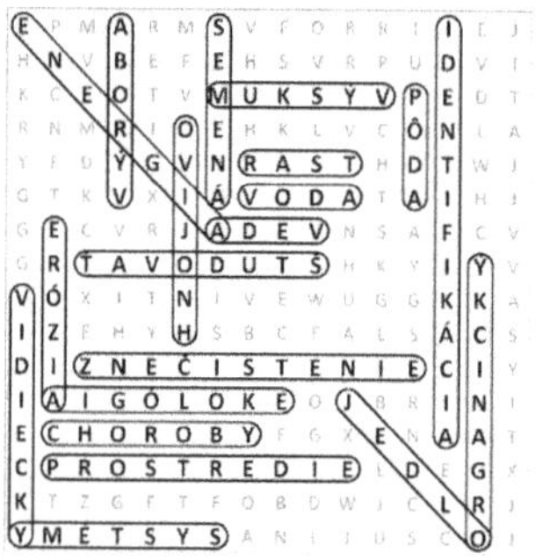

42 - Erboristeria

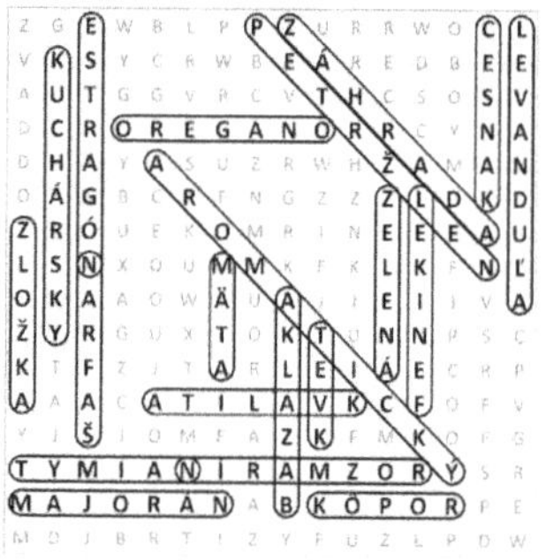

43 - Biologia

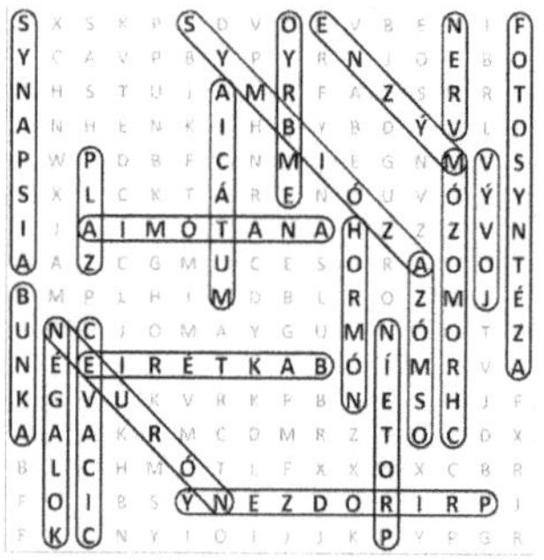

44 - Attività Commerciale

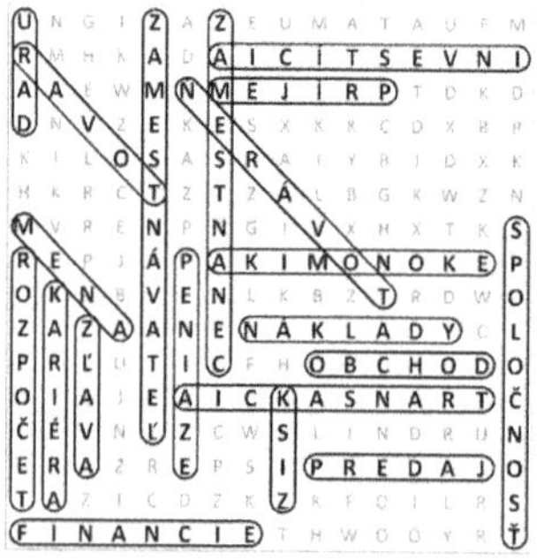

45 - Fiori

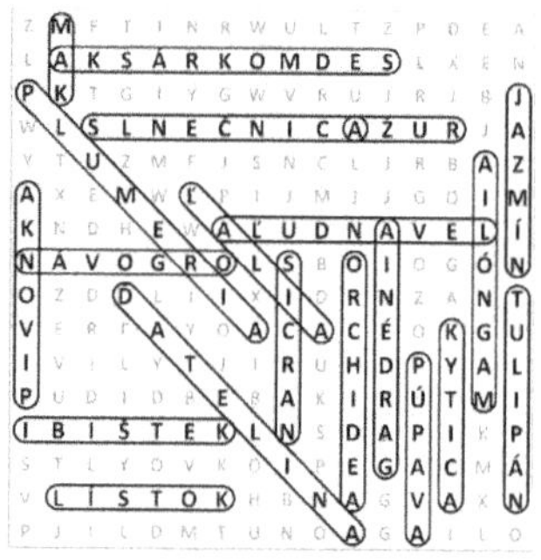

46 - Filantropia

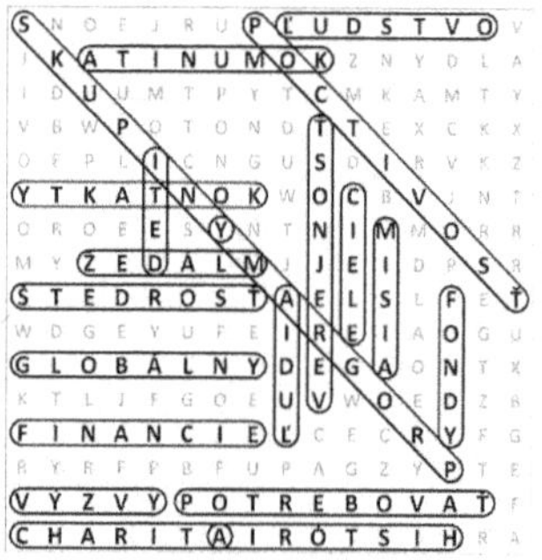

47 - Ecologia

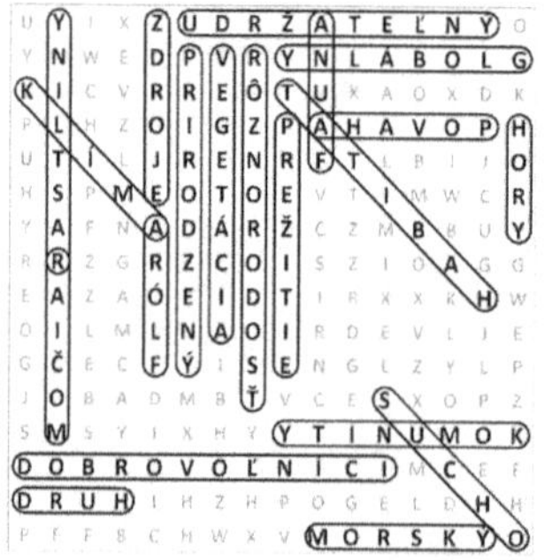

48 - Discipline Scientifiche

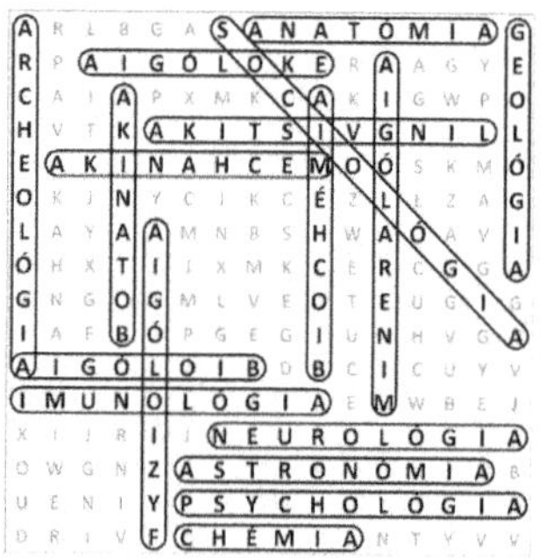

49 - Scienza

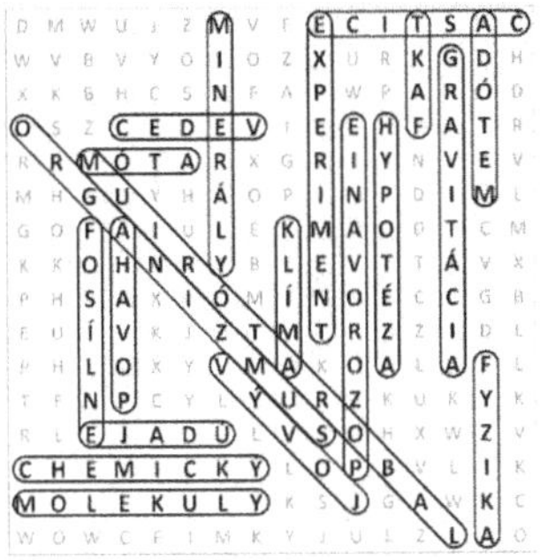

50 - Imbarcazioni

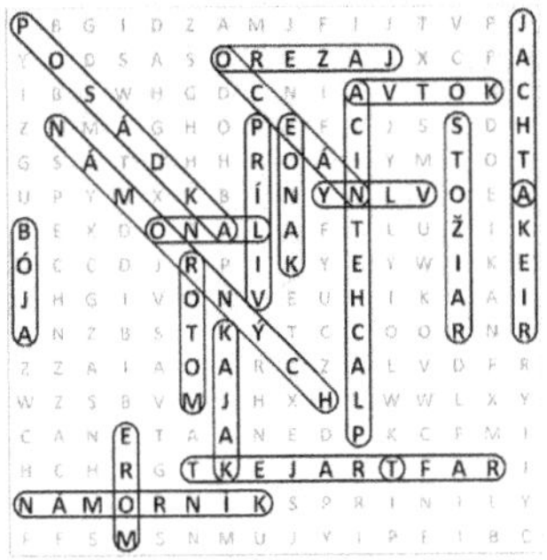

51 - Chimica

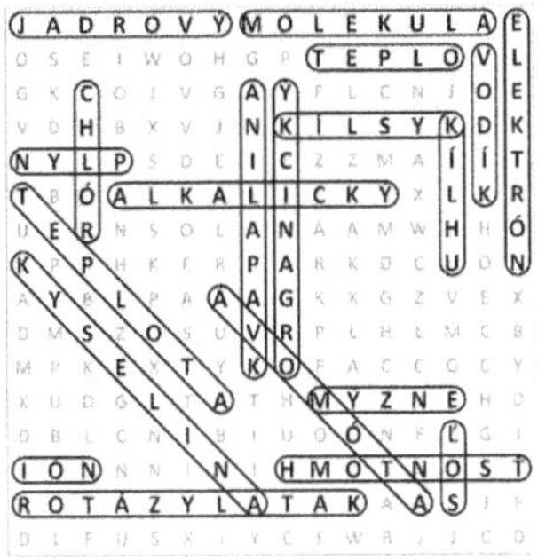

52 - Api

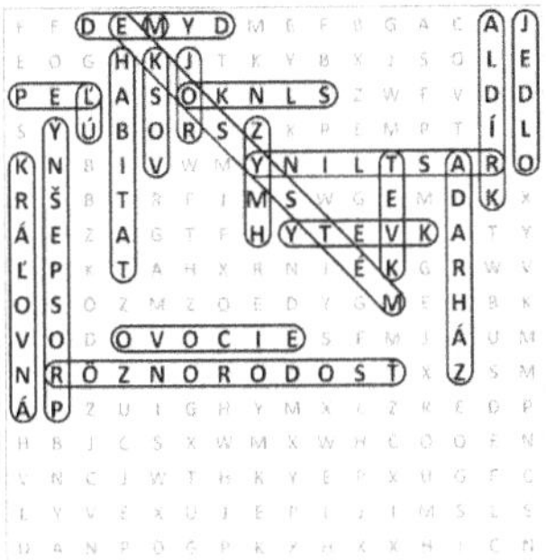

53 - Strumenti Musicali

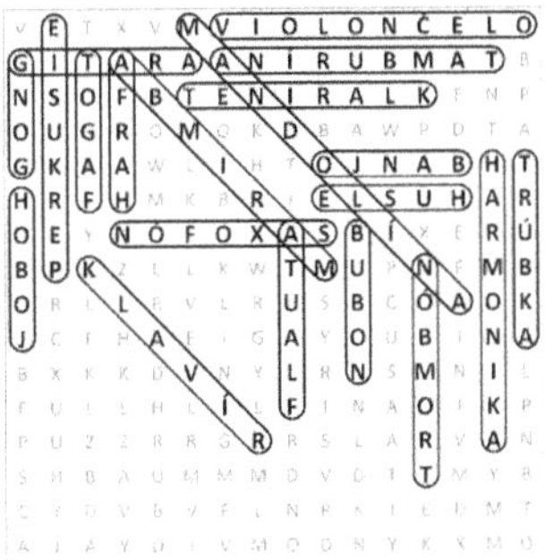

54 - Professioni #2

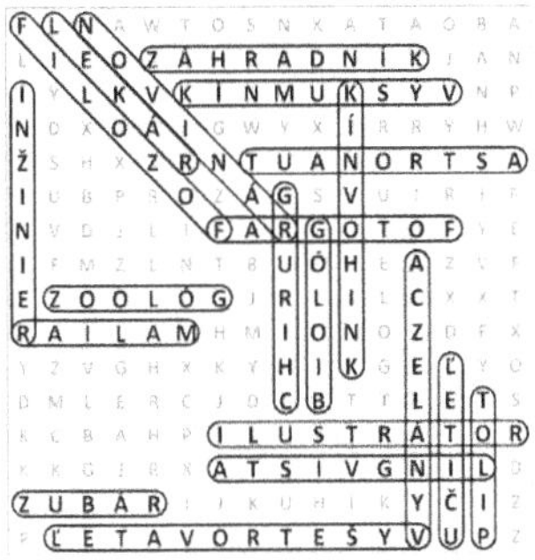

55 - Letteratura

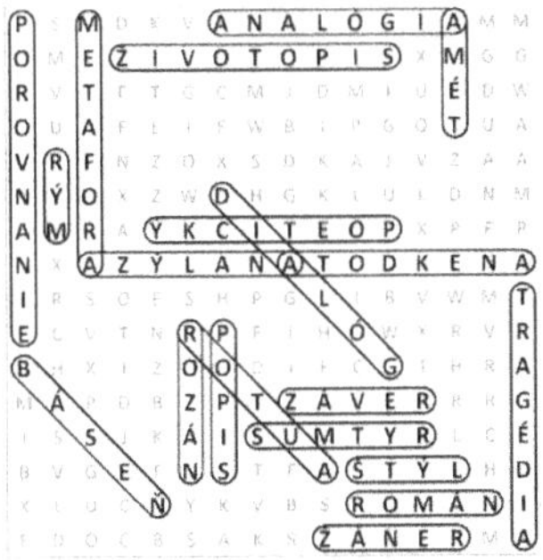

56 - Cibo #2

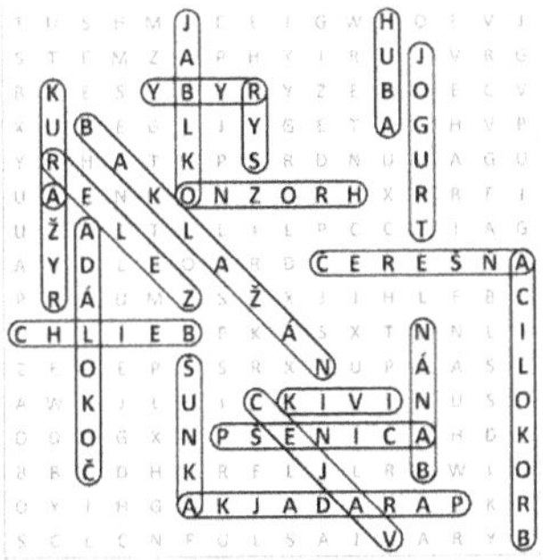

57 - Nutrizione

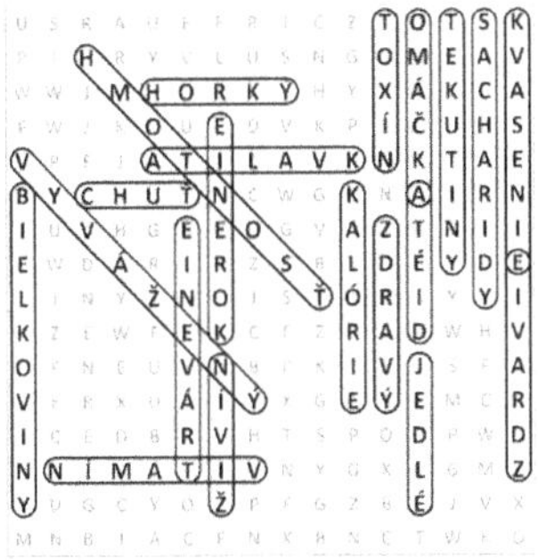

58 - Matematica

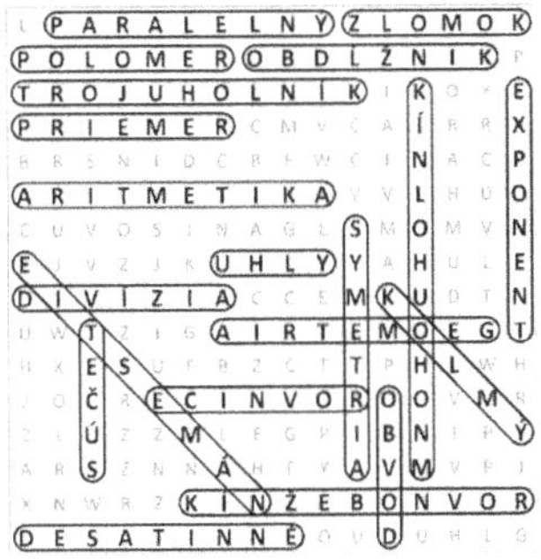

59 - Meditazione

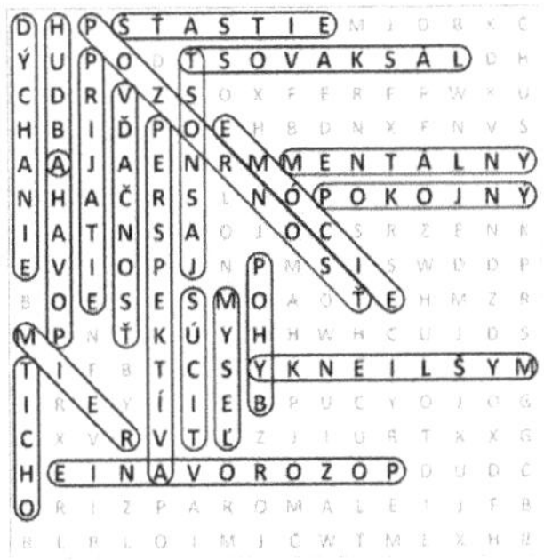

60 - Elettricità

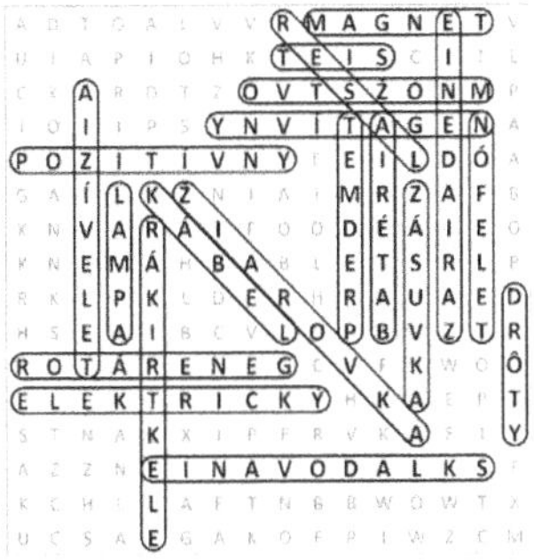

61 - Antiquariato

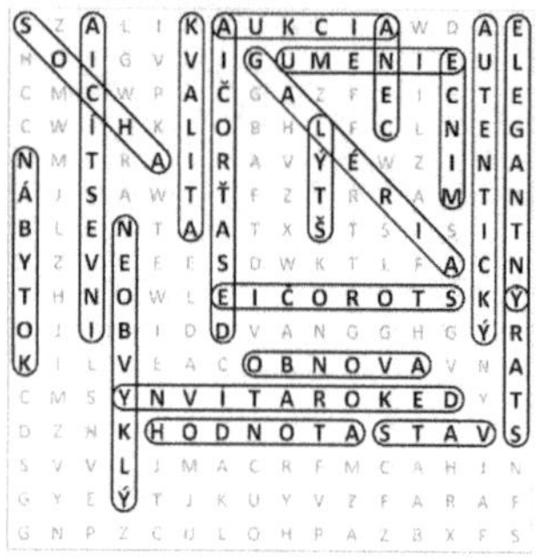

62 - Escursionismo

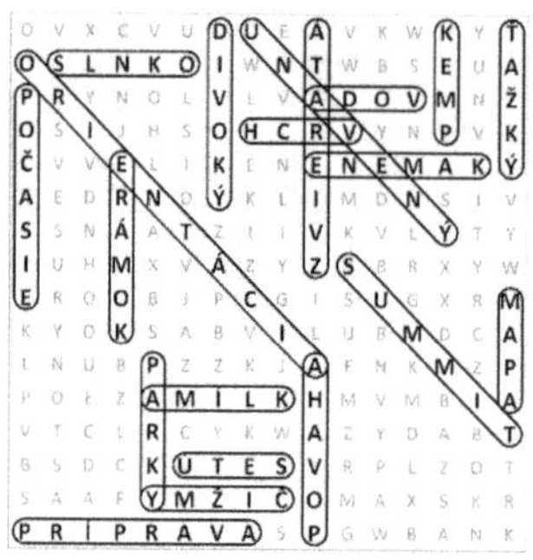

63 - Professioni #1

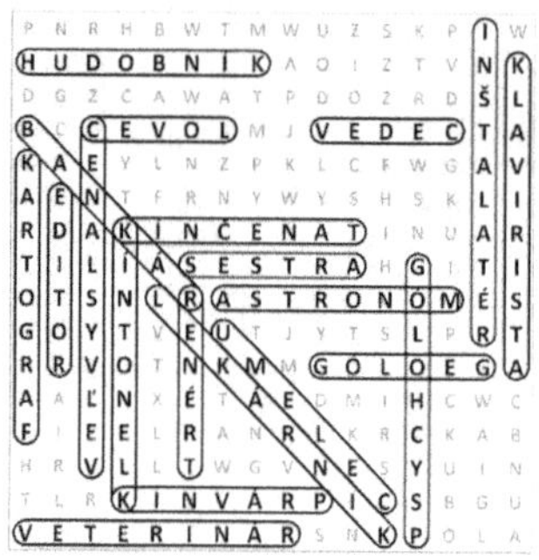

64 - Antartide

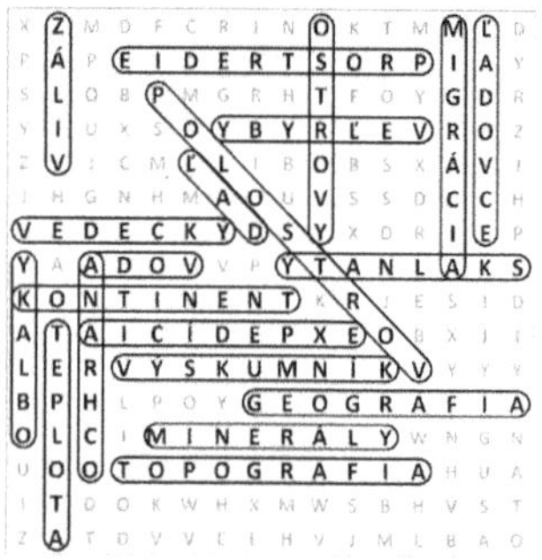

65 - Libri

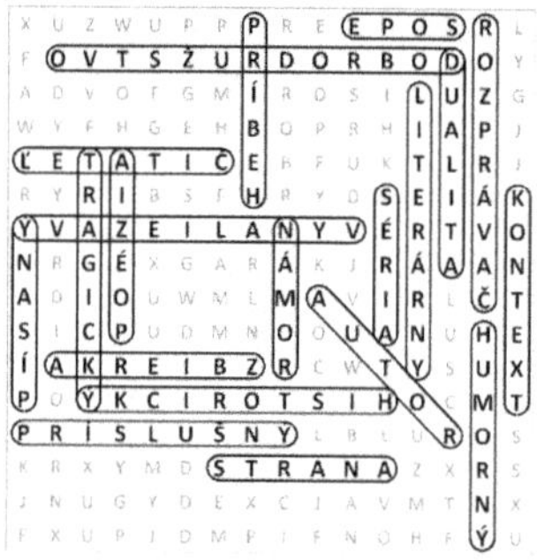

66 - Geografia

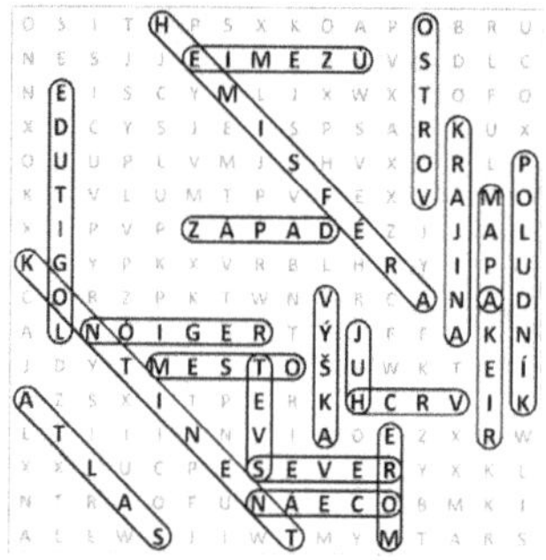

67 - Cibo #1

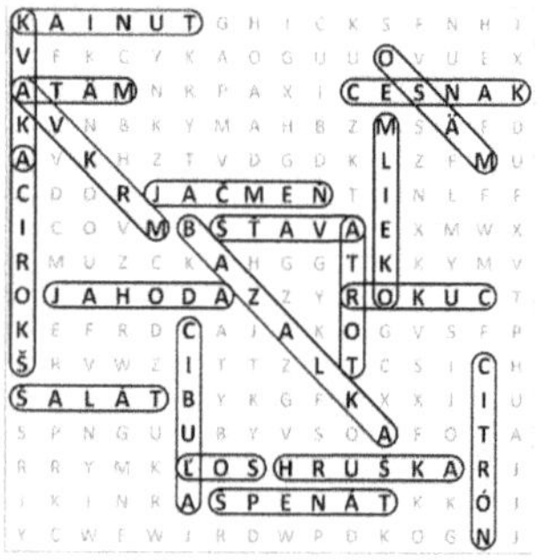

68 - Etica

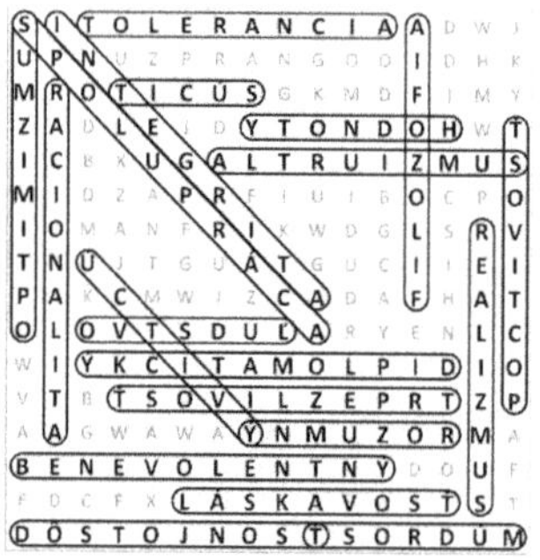

69 - Aeroplani

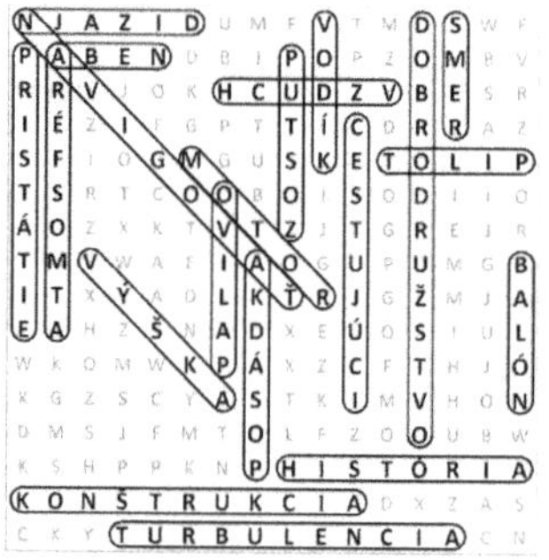

70 - Governo

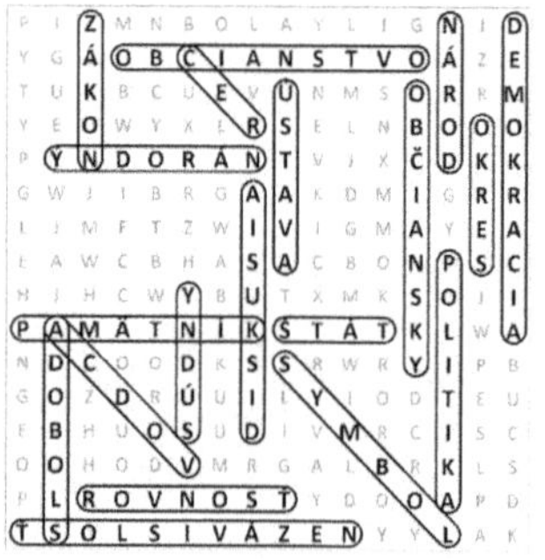

71 - Bellezza

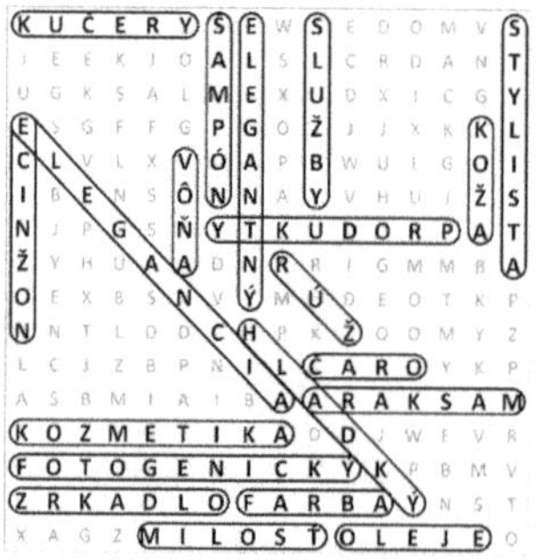

72 - Avventura

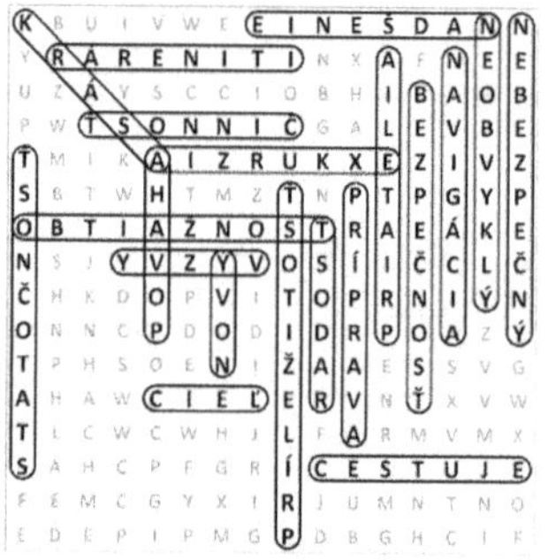

73 - Forme

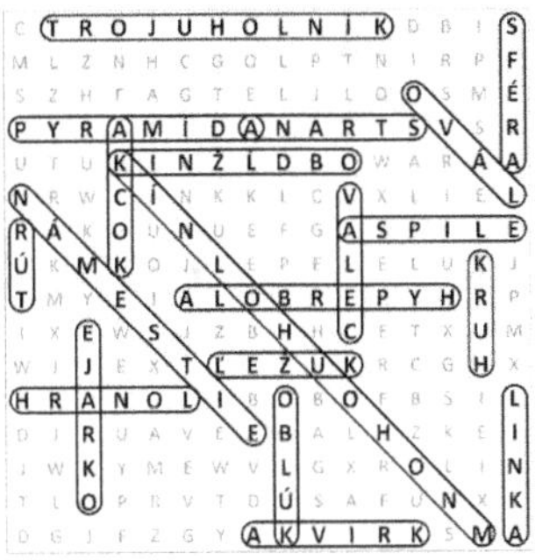

74 - Oceano

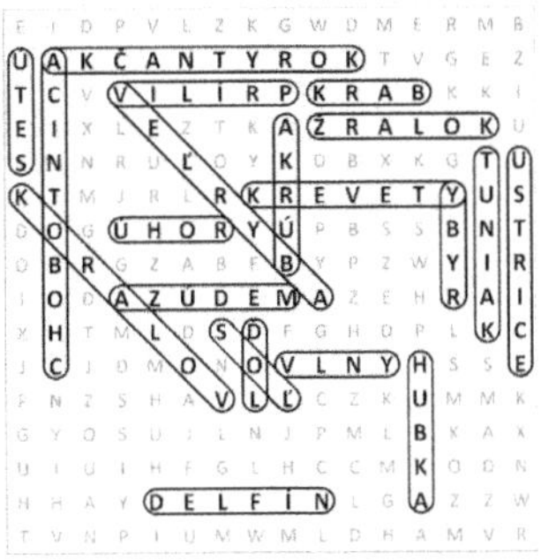

75 - Famiglia

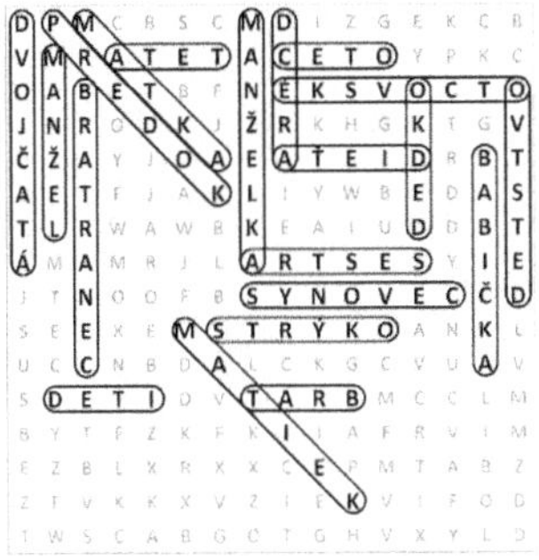

76 - Creatività

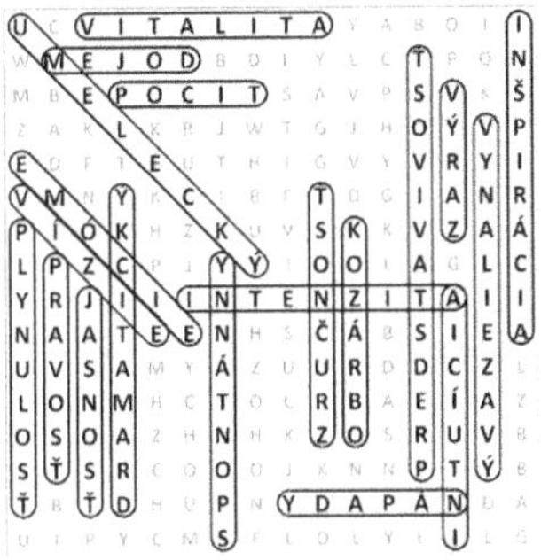

77 - Veicoli

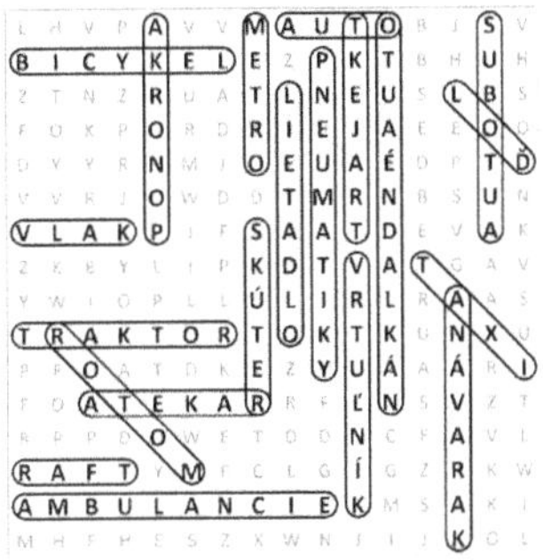

78 - Emozioni

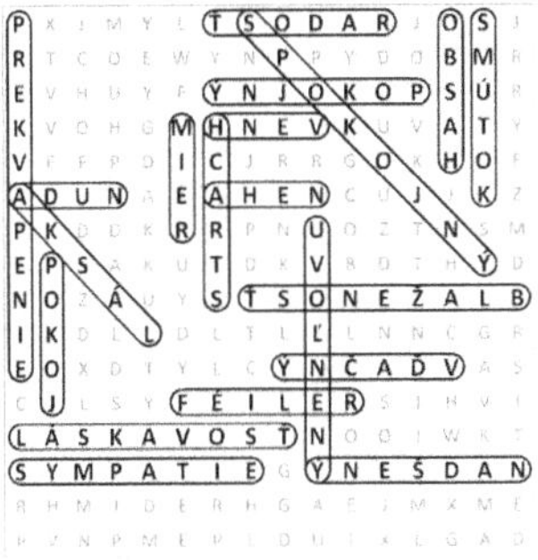

79 - Natura

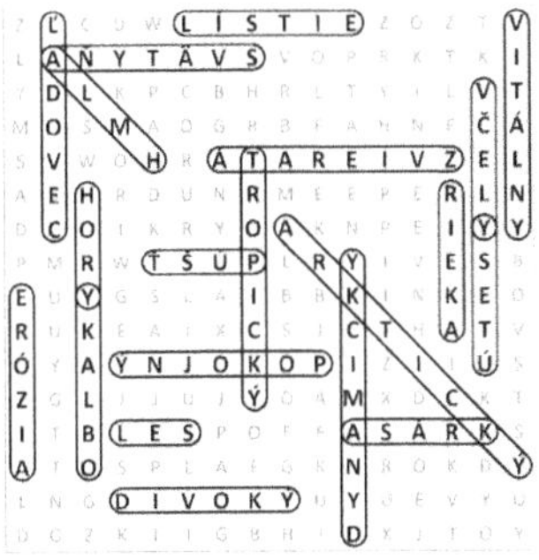

80 - Balletto

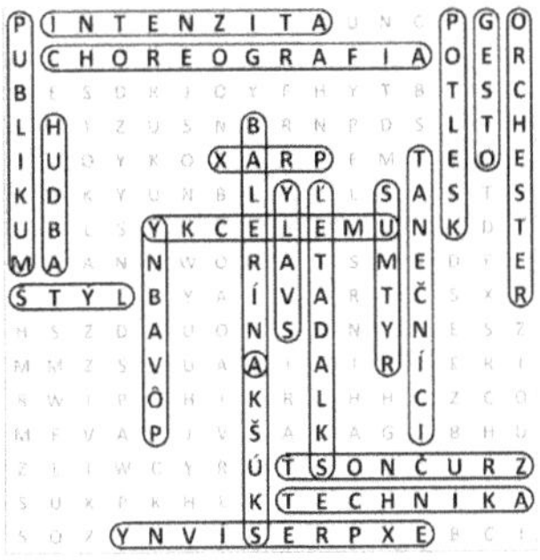

81 - Paesi #1

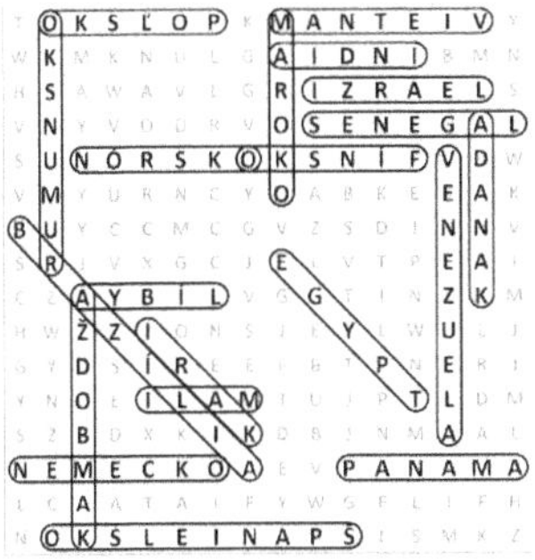

82 - Geometria

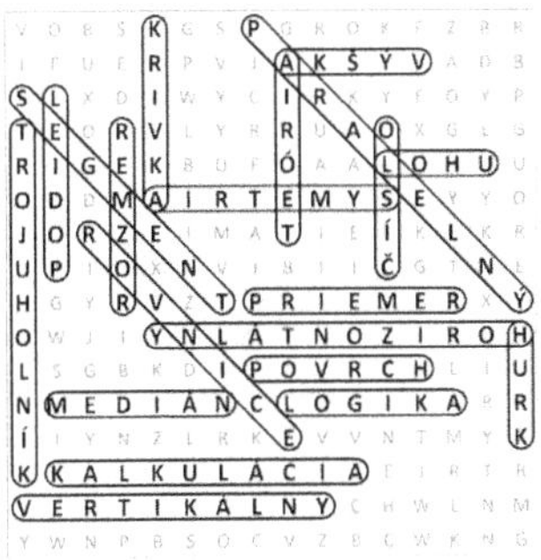

83 - Foresta Pluviale

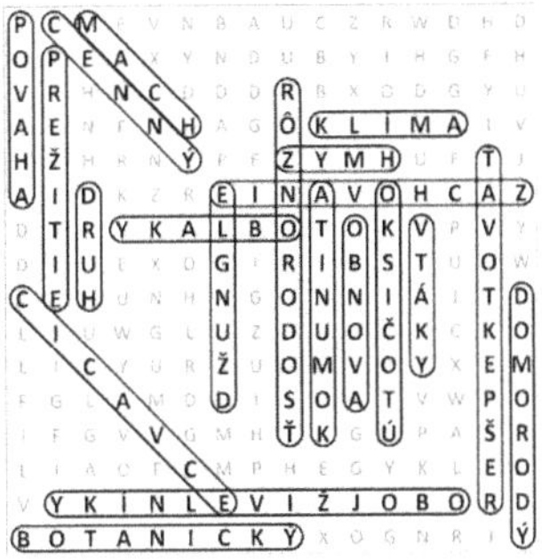

84 - Edifici

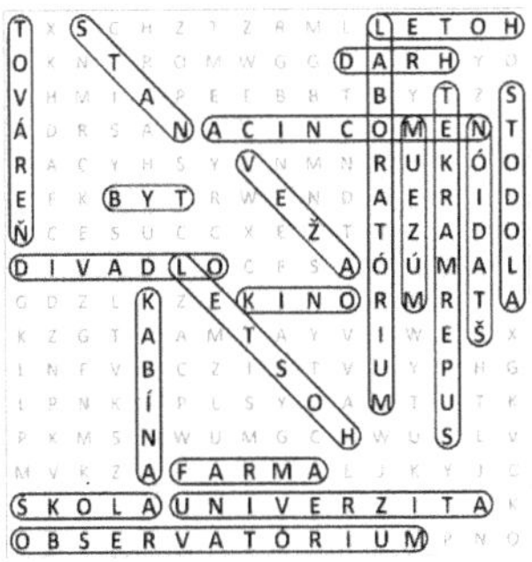

85 - Malattia

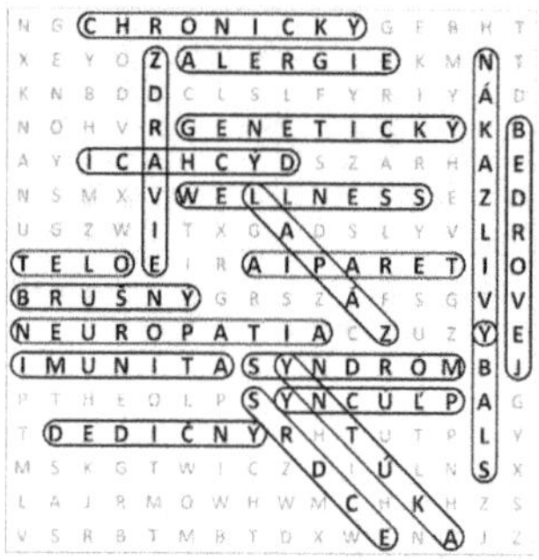

86 - Paesi #2

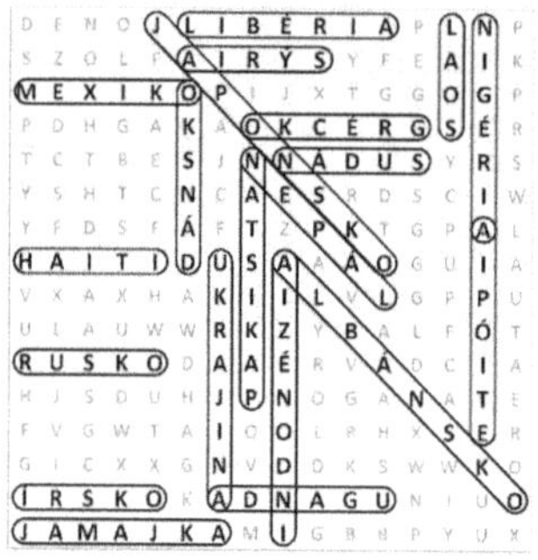

87 - Tipi di Capelli

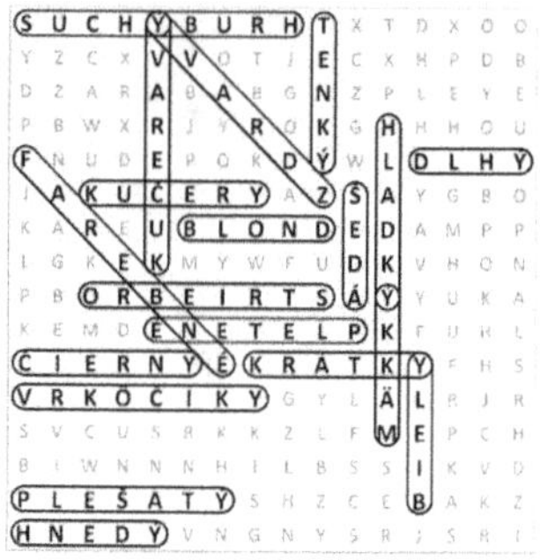

88 - Vestiti

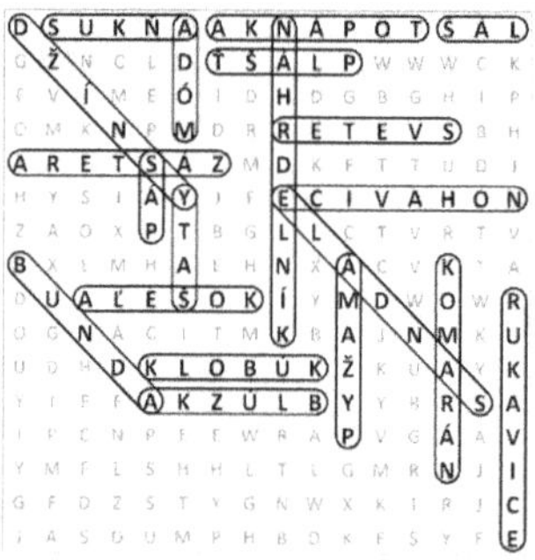

89 - Arte

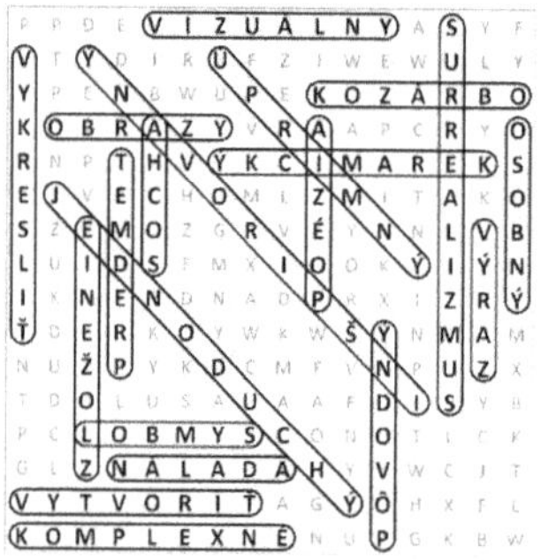

90 - Meteo

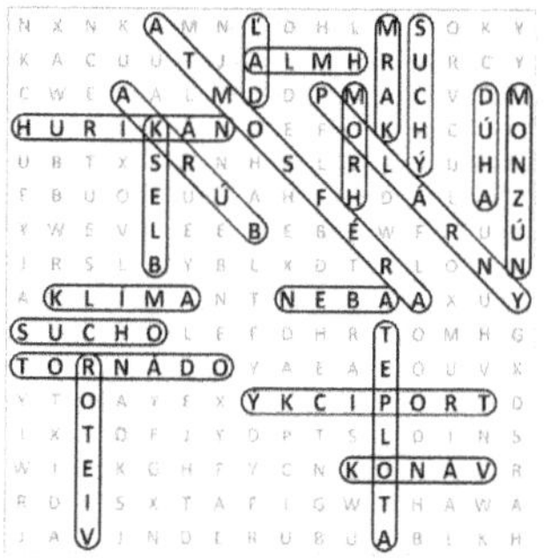

91 - Corpo Umano

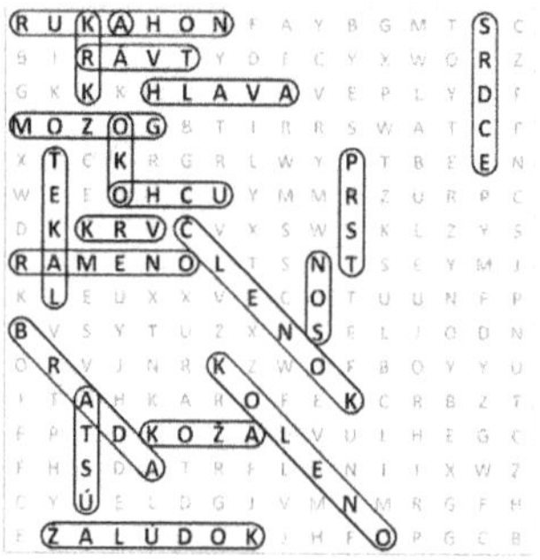

92 - Mammiferi

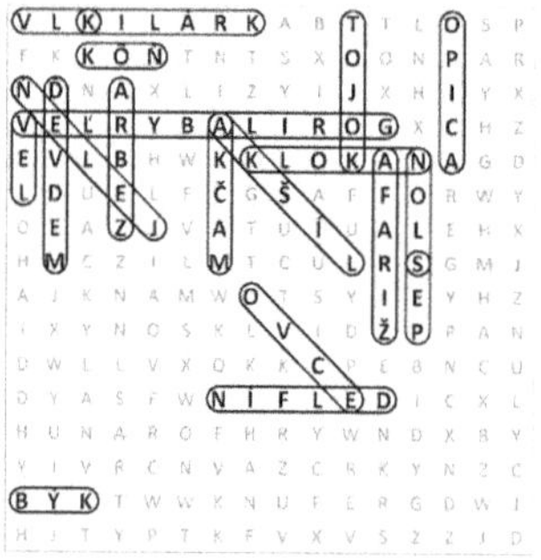

93 - Cucina

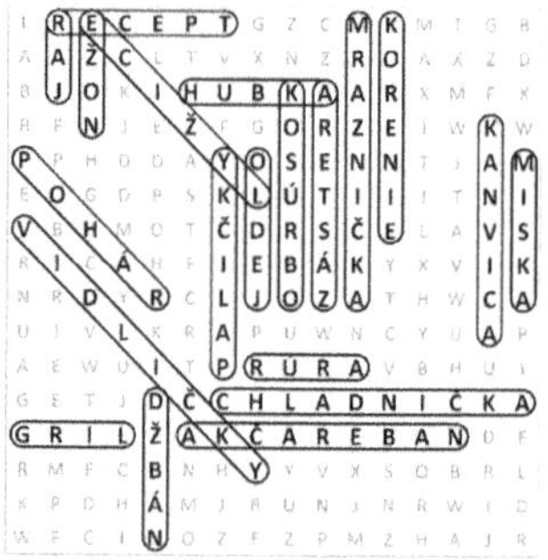

94 - Giardinaggio

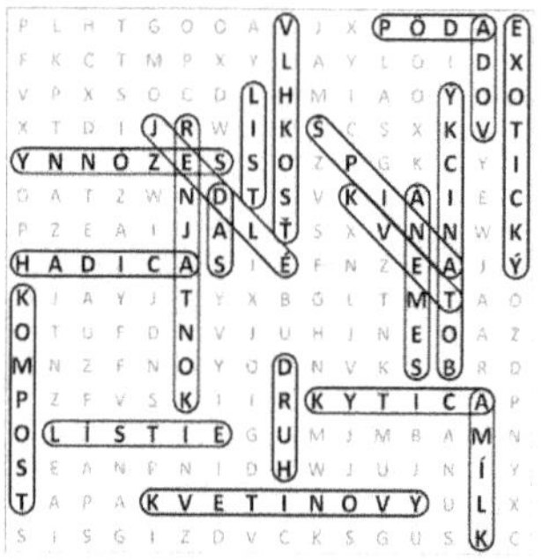

95 - Universo

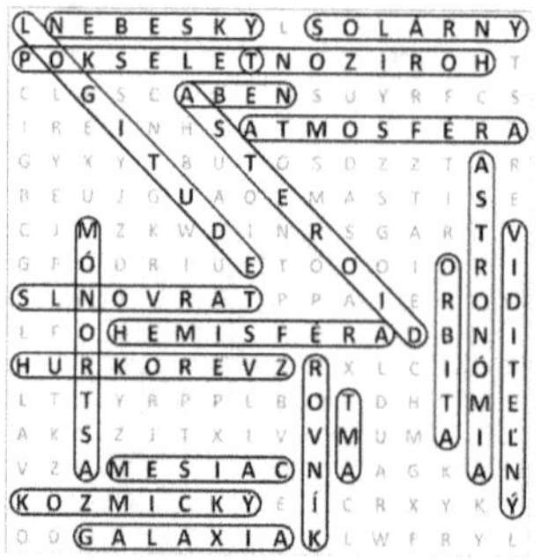

96 - Jazz

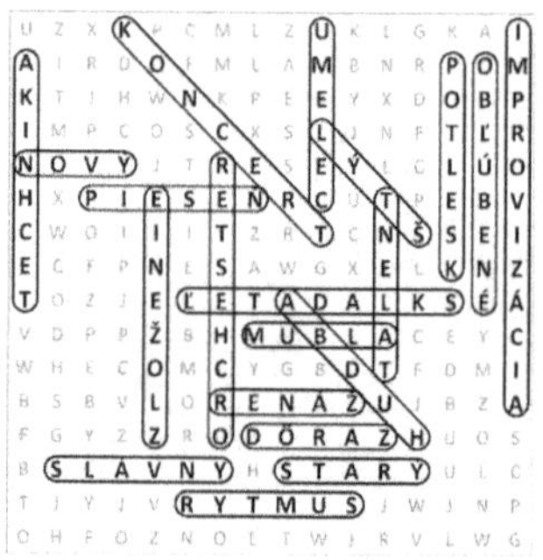

97 - Vacanze #2

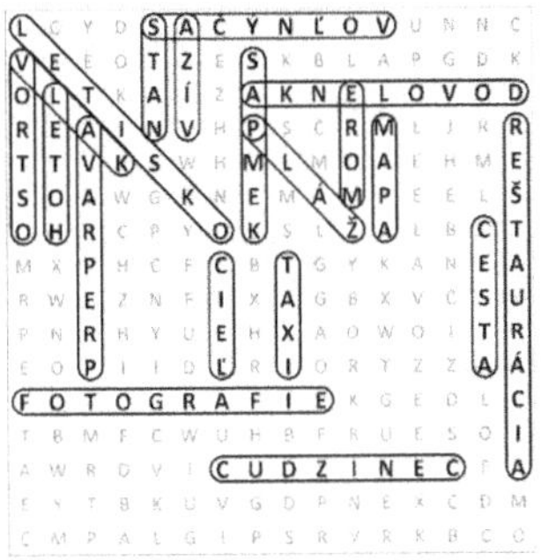

98 - Attività

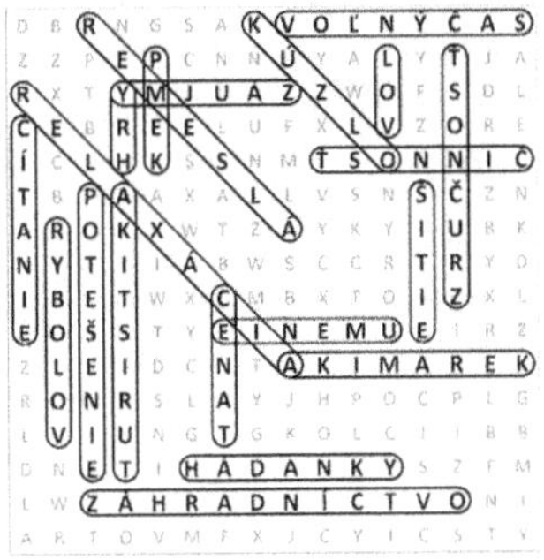

99 - Diplomazia

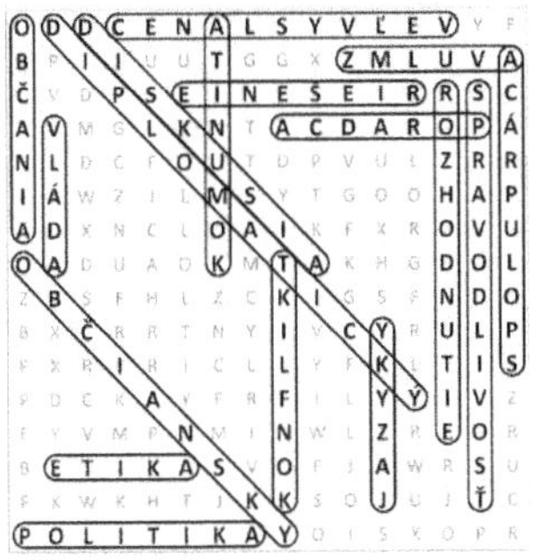

100 - Forniture Artistiche

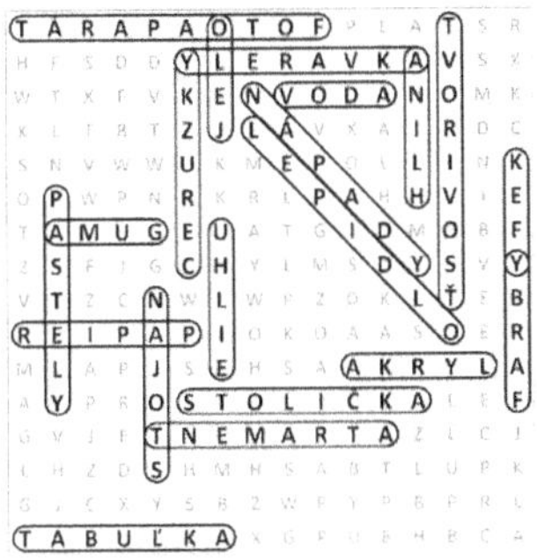

Dizionario

Aeroplani
Lietadlá

Altezza	Výška
Aria	Vzduch
Atmosfera	Atmosféra
Atterraggio	Pristátie
Avventura	Dobrodružstvo
Carburante	Palivo
Cielo	Neba
Costruzione	Konštrukcia
Design	Dizajn
Direzione	Smer
Discesa	Zostup
Equipaggio	Posádka
Idrogeno	Vodík
Motore	Motor
Navigare	Navigovať
Palloncino	Balón
Passeggero	Cestujúci
Pilota	Pilot
Storia	História
Turbolenza	Turbulencia

Aggettivi #1
Prídavné Mená #1

Ambizioso	Ambiciózny
Aromatico	Aromatický
Artistico	Umelecký
Assoluto	Absolútny
Attivo	Aktívny
Enorme	Obrovský
Esotico	Exotický
Generoso	Štedrý
Giovane	Mladý
Grande	Veľký
Identico	Totožný
Importante	Dôležitý
Lento	Pomalý
Lungo	Dlhý
Moderno	Moderný
Onesto	Úprimný
Perfetto	Dokonalý
Pesante	Ťažký
Prezioso	Cenný
Sottile	Tenký

Aggettivi #2
Prídavné Mená #2

Affamato	Hladný
Asciutto	Suchý
Autentico	Autentický
Creativo	Kreatívny
Descrittivo	Popisný
Dolce	Sladký
Drammatico	Dramatický
Elegante	Elegantný
Famoso	Slávny
Forte	Silný
Interessante	Zaujímavý
Naturale	Prirodzený
Normale	Normálny
Nuovo	Nový
Orgoglioso	Hrdý
Produttivo	Produktívny
Puro	Čistý
Responsabile	Zodpovedný
Salato	Slaný
Sano	Zdravý

Agronomia
Agronómia

Acqua	Voda
Ambiente	Prostredie
Cibo	Jedlo
Crescita	Rast
Ecologia	Ekológia
Energia	Energia
Erosione	Erózia
Fertilizzante	Hnojivo
Identificazione	Identifikácia
Inquinamento	Znečistenie
Malattie	Choroby
Organico	Organický
Produzione	Výroba
Ricerca	Výskum
Rurale	Vidiecky
Scienza	Veda
Semi	Semená
Sistemi	Systémy
Studio	Študovať
Suolo	Pôda

Algebra
Algebra

Diagramma	Diagram
Divisione	Divízia
Equazione	Rovnice
Esponente	Exponent
Falso	Falošný
Fattore	Faktor
Formula	Vzorec
Frazione	Zlomok
Grafico	Graf
Infinito	Nekonečný
Lineare	Lineárny
Matrice	Matica
Numero	Číslo
Parentesi	Zátvorka
Problema	Problém
Semplificare	Zjednodušiť
Soluzione	Riešenie
Sottrazione	Odčítanie
Variabile	Premenný
Zero	Nula

Antartide
Antarktída

Acqua	Voda
Ambiente	Prostredie
Baia	Záliv
Balene	Veľryby
Conservazione	Ochrana
Continente	Kontinent
Geografia	Geografia
Ghiacciai	Ľadovce
Ghiaccio	Ľad
Isole	Ostrovy
Migrazione	Migrácia
Minerali	Minerály
Nuvole	Oblaky
Penisola	Polostrov
Ricercatore	Výskumník
Roccioso	Skalnatý
Scientifico	Vedecký
Spedizione	Expedícia
Temperatura	Teplota
Topografia	Topografia

Antiquariato
Starožitnosťami

Arte	Umenie
Asta	Aukcia
Autentico	Autentický
Condizione	Stav
Decenni	Desaťročia
Decorativo	Dekoratívny
Elegante	Elegantný
Galleria	Galéria
Insolito	Neobvyklý
Investimento	Investícia
Mobilio	Nábytok
Monete	Mince
Prezzo	Cena
Qualità	Kvalita
Restauro	Obnova
Scultura	Socha
Secolo	Storočie
Stile	Štýl
Valore	Hodnota
Vecchio	Starý

Api
Včely

Ali	Krídla
Alveare	Úľ
Benefico	Prospešný
Cera	Vosk
Cibo	Jedlo
Diversità	Rôznorodosť
Ecosistema	Ekosystém
Fiori	Kvety
Fiorire	Kvet
Frutta	Ovocie
Fumo	Dym
Giardino	Záhrada
Habitat	Habitat
Insetto	Hmyz
Miele	Med
Piante	Rastliny
Polline	Peľ
Regina	Kráľovná
Sciame	Roj
Sole	Slnko

Archeologia
Archeológia

Analisi	Analýza
Antichità	Staroveku
Ceramica	Keramika
Civiltà	Civilizácia
Dimenticato	Zabudnutý
Discendente	Potomok
Era	Éra
Esperto	Odborník
Fossile	Fosílne
Mistero	Tajomstvo
Oggetti	Predmet
Ossa	Kosti
Professore	Profesor
Reliquia	Relikvia
Ricercatore	Výskumník
Sconosciuto	Neznámy
Squadra	Tím
Tempio	Chrám
Tomba	Hrob
Valutazione	Hodnotenie

Arte
Umenie

Ceramica	Keramický
Complesso	Komplexné
Composizione	Zloženie
Creare	Vytvoriť
Dipinti	Obrazy
Espressione	Výraz
Figura	Obrázok
Ispirato	Inšpirovaný
Onesto	Úprimný
Originale	Pôvodný
Personale	Osobný
Poesia	Poézia
Ritrarre	Vykresliť
Scultura	Socha
Semplice	Jednoduchý
Simbolo	Symbol
Soggetto	Predmet
Surrealismo	Surrealizmus
Umore	Nálada
Visivo	Vizuálny

Astronomia
Astronómia

Asteroide	Asteroid
Astronauta	Astronaut
Astronomo	Astronóm
Cielo	Neba
Cosmo	Kozmos
Costellazione	Súhvezdie
Equinozio	Rovnodennosť
Galassia	Galaxia
Gravità	Gravitácia
Luna	Mesiac
Meteora	Meteor
Nebulosa	Hmlovina
Osservatorio	Observatórium
Pianeta	Planéta
Radiazione	Žiarenie
Razzo	Raketa
Supernova	Supernova
Telescopio	Teleskop
Terra	Zem
Universo	Vesmír

Attività
Činnosti

Abilità	Zručnosť
Arte	Umenie
Artigianato	Remeslá
Attività	Činnosť
Caccia	Lov
Campeggio	Kemp
Ceramica	Keramika
Cucire	Šitie
Danza	Tanec
Escursioni	Turistika
Giardinaggio	Záhradníctvo
Giochi	Hry
Interessi	Záujmy
Lettura	Čítanie
Magia	Kúzlo
Pesca	Rybolov
Piacere	Potešenie
Puzzle	Hádanky
Rilassamento	Relaxácia
Tempo Libero	Voľný Čas

Attività Commerciale
Podnikanie

Bilancio	Rozpočet
Carriera	Kariéra
Costo	Náklady
Datore di Lavoro	Zamestnávateľ
Dipendente	Zamestnanec
Economia	Ekonomika
Fabbrica	Továreň
Finanza	Financie
Investimento	Investícia
Merce	Tovar
Negozio	Obchod
Profitto	Zisk
Reddito	Príjem
Sconto	Zľava
Società	Spoločnosť
Soldi	Peniaze
Transazione	Transakcia
Ufficio	Úrad
Valuta	Mena
Vendita	Predaj

Avventura
Dobrodružstvo

Amici	Priatelia
Attività	Činnosť
Bellezza	Krása
Coraggio	Statočnosť
Destinazione	Cieľ
Difficoltà	Obtiažnosť
Entusiasmo	Nadšenie
Escursione	Exkurzia
Gioia	Radosť
Insolito	Neobvyklý
Itinerario	Itinerár
Natura	Povaha
Navigazione	Navigácia
Nuovo	Nový
Opportunità	Príležitosť
Pericoloso	Nebezpečný
Preparazione	Príprava
Sfide	Výzvy
Sicurezza	Bezpečnosť
Viaggi	Cestuje

Balletto
Baletné

Abilità	Zručnosť
Applauso	Potlesk
Artistico	Umelecký
Ballerina	Balerína
Ballerini	Tanečníci
Compositore	Skladateľ
Coreografia	Choreografia
Espressivo	Expresívny
Gesto	Gesto
Grazioso	Pôvabný
Intensità	Intenzita
Muscoli	Svaly
Musica	Hudba
Orchestra	Orchester
Pratica	Prax
Prova	Skúška
Pubblico	Publikum
Ritmo	Rytmus
Stile	Štýl
Tecnica	Technika

Barbecue
Grilovanie

Caldo	Horúci
Cena	Večera
Cibo	Jedlo
Cipolle	Cibuľa
Coltelli	Nože
Estate	Leto
Fame	Hlad
Famiglia	Rodina
Frutta	Ovocie
Giochi	Hry
Griglia	Gril
Insalate	Šaláty
Invito	Pozvánka
Musica	Hudba
Pepe	Paprika
Pollo	Kura
Pomodori	Paradajky
Pranzo	Obed
Sale	Soľ
Salsa	Omáčka

Bellezza
Krása

Colore	Farba
Cosmetici	Kozmetika
Elegante	Elegantný
Eleganza	Elegancia
Fascino	Čaro
Forbici	Nožnice
Fotogenico	Fotogenický
Fragranza	Vôňa
Grazia	Milosť
Liscio	Hladký
Mascara	Maskara
Oli	Oleje
Pelle	Koža
Prodotti	Produkty
Riccioli	Kučery
Rossetto	Rúž
Servizi	Služby
Shampoo	Šampón
Specchio	Zrkadlo
Stilista	Stylista

Biologia
Biológia

Anatomia	Anatómia
Batteri	Baktérie
Cellula	Bunka
Collagene	Kolagén
Cromosoma	Chromozóm
Embrione	Embryo
Enzima	Enzým
Evoluzione	Vývoj
Fotosintesi	Fotosyntéza
Mammifero	Cicavec
Mutazione	Mutácia
Naturale	Prirodzený
Nervo	Nerv
Neurone	Neurón
Ormone	Hormón
Osmosi	Osmóza
Proteina	Proteín
Rettile	Plaz
Simbiosi	Symbióza
Sinapsi	Synapsia

Campeggio
Kempovanie

Alberi	Stromy
Amaca	Hojdacia Sieť
Animali	Zvieratá
Avventura	Dobrodružstvo
Bussola	Kompas
Cabina	Kabína
Caccia	Lov
Canoa	Kanoe
Cappello	Klobúk
Corda	Lano
Divertimento	Zábava
Foresta	Les
Fuoco	Oheň
Insetto	Hmyz
Lago	Jazero
Luna	Mesiac
Mappa	Mapa
Montagna	Vrch
Natura	Povaha
Tenda	Stan

Casa
Dom

Attico	Podkrovie
Biblioteca	Knižnica
Camera	Izba
Camino	Krb
Cucina	Kuchyňa
Doccia	Sprcha
Finestra	Okno
Garage	Garáž
Giardino	Záhrada
Lampada	Lampa
Parete	Stena
Pavimento	Podlaha
Porta	Dvere
Recinto	Plot
Rubinetto	Kohútik
Scopa	Metla
Soffitto	Strop
Specchio	Zrkadlo
Tappeto	Koberec
Tetto	Strecha

Chimica
Chémia

Acido	Kyselina
Alcalino	Alkalický
Atomico	Atómová
Calore	Teplo
Carbonio	Uhlík
Catalizzatore	Katalyzátor
Cloro	Chlór
Elettrone	Elektrón
Enzima	Enzým
Gas	Plyn
Idrogeno	Vodík
Ione	Ión
Liquido	Kvapalina
Molecola	Molekula
Nucleare	Jadrový
Organico	Organický
Ossigeno	Kyslík
Peso	Hmotnosť
Sale	Soľ
Temperatura	Teplota

Cibo #1
Jedlo #1

Aglio	Cesnak
Basilico	Bazalka
Cannella	Škorica
Carne	Mäso
Carota	Mrkva
Cipolla	Cibuľa
Fragola	Jahoda
Insalata	Šalát
Latte	Mlieko
Limone	Citrón
Menta	Mäta
Orzo	Jačmeň
Pera	Hruška
Rapa	Kvaka
Sale	Soľ
Spinaci	Špenát
Succo	Šťava
Tonno	Tuniak
Torta	Torta
Zucchero	Cukor

Cibo #2
Jedlo #2

Banana	Banán
Broccolo	Brokolica
Ciliegia	Čerešňa
Cioccolato	Čokoláda
Formaggio	Syr
Fungo	Huba
Grano	Pšenica
Kiwi	Kivi
Mela	Jablko
Melanzana	Baklažán
Pane	Chlieb
Pesce	Ryby
Pollo	Kura
Pomodoro	Paradajka
Prosciutto	Šunka
Riso	Ryža
Sedano	Zeler
Uovo	Vajec
Uva	Hrozno
Yogurt	Jogurt

Cioccolato
Čokoláda

Amaro	Horký
Antiossidante	Antioxidant
Arachidi	Arašidy
Aroma	Aróma
Artigianale	Remeselné
Cacao	Kakao
Calorie	Kalórie
Caramella	Cukroví
Caramello	Karamel
Delizioso	Lahodný
Dolce	Sladký
Esotico	Exotický
Gusto	Chuť
Ingrediente	Zložka
Noce di Cocco	Kokosový
Polvere	Prášok
Preferito	Obľúbený
Qualità	Kvalita
Ricetta	Recept
Zucchero	Cukor

Città
Mesto

Aeroporto	Letisko
Banca	Banka
Biblioteca	Knižnica
Cinema	Kino
Clinica	Klinika
Farmacia	Lekáreň
Fiorista	Kvetinárstvo
Galleria	Galéria
Hotel	Hotel
Libreria	Kníhkupectvo
Mercato	Trh
Museo	Múzeum
Negozio	Obchod
Panetteria	Pekáreň
Scuola	Škola
Stadio	Štadión
Supermercato	Supermarket
Teatro	Divadlo
Università	Univerzita
Zoo	Zoo

Corpo Umano
Ľudské Telo

Bocca	Ústa
Caviglia	Členok
Cervello	Mozog
Collo	Krk
Cuore	Srdce
Dito	Prst
Faccia	Tvár
Gamba	Noha
Ginocchio	Koleno
Gomito	Lakeť
Mano	Ruka
Mento	Brada
Naso	Nos
Occhio	Oko
Orecchio	Ucho
Pelle	Koža
Sangue	Krv
Spalla	Rameno
Stomaco	Žalúdok
Testa	Hlava

Creatività
Kreativita

Abilità	Zručnosť
Artistico	Umelecký
Autenticità	Pravosť
Chiarezza	Jasnosť
Drammatico	Dramatický
Emozioni	Emócie
Espressione	Výraz
Fluidità	Plynulosť
Idee	Nápady
Immaginazione	Predstavivosť
Immagine	Obrázok
Impressione	Dojem
Intensità	Intenzita
Intuizione	Intuícia
Inventivo	Vynaliezavý
Ispirazione	Inšpirácia
Sensazione	Pocit
Spontaneo	Spontánny
Visioni	Vízie
Vitalità	Vitalita

Cucina
Kuchyňa

Bacchette	Paličky
Bollitore	Kanvica
Brocca	Džbán
Cibo	Jedlo
Ciotola	Miska
Coltelli	Nože
Congelatore	Mraznička
Cucchiai	Lyžice
Forchette	Vidličky
Forno	Rúra
Frigorifero	Chladnička
Grembiule	Zástera
Griglia	Gril
Mestolo	Naberačka
Ricetta	Recept
Spezie	Korenie
Spugna	Hubka
Tazze	Pohár
Tovagliolo	Obrúsok
Vaso	Jar

Diplomazia
Diplomacie

Ambasciatore	Veľvyslanec
Cittadini	Občania
Civico	Občiansky
Comunità	Komunita
Conflitto	Konflikt
Consigliere	Poradca
Cooperazione	Spolupráca
Diplomatico	Diplomatický
Discussione	Diskusia
Etica	Etika
Giustizia	Spravodlivosť
Governo	Vláda
Integrità	Integrita
Lingue	Jazyky
Politica	Politika
Risoluzione	Rozhodnutie
Sicurezza	Bezpečnosť
Soluzione	Riešenie
Trattato	Zmluva
Umanitario	Humanitárny

Discipline Scientifiche
Vedecké Disciplíny

Anatomia	Anatómia
Archeologia	Archeológia
Astronomia	Astronómia
Biochimica	Biochémia
Biologia	Biológia
Botanica	Botanika
Chimica	Chémia
Ecologia	Ekológia
Fisiologia	Fyziológia
Geologia	Geológia
Immunologia	Imunológia
Linguistica	Lingvistika
Meccanica	Mechanika
Meteorologia	Meteorológia
Mineralogia	Mineralógia
Neurologia	Neurológia
Psicologia	Psychológia
Sociologia	Sociológia
Termodinamica	Termodynamika
Zoologia	Zoológia

Ecologia
Ekológia

Clima	Klíma
Comunità	Komunity
Diversità	Rôznorodosť
Fauna	Fauna
Flora	Flóra
Globale	Globálny
Habitat	Habitat
Marino	Morský
Montagne	Hory
Natura	Povaha
Naturale	Prirodzený
Palude	Močiar
Piante	Rastliny
Risorse	Zdroje
Siccità	Sucho
Sopravvivenza	Prežitie
Sostenibile	Udržateľný
Specie	Druh
Vegetazione	Vegetácia
Volontari	Dobrovoľníci

Edifici
Budovy

Appartamento	Byt
Cabina	Kabína
Castello	Hrad
Cinema	Kino
Fabbrica	Továreň
Fattoria	Farma
Fienile	Stodola
Hotel	Hotel
Laboratorio	Laboratórium
Museo	Múzeum
Ospedale	Nemocnica
Osservatorio	Observatórium
Ostello	Hostel
Scuola	Škola
Stadio	Štadión
Supermercato	Supermarket
Teatro	Divadlo
Tenda	Stan
Torre	Veža
Università	Univerzita

Elettricità
Elektrina

Attrezzatura	Zariadenie
Batteria	Batéria
Cavo	Kábel
Conservazione	Skladovanie
Elettricista	Elektrikár
Elettrico	Elektrický
Fili	Drôty
Generatore	Generátor
Lampada	Lampa
Lampadina	Žiarovka
Laser	Laser
Magnete	Magnet
Negativo	Negatívny
Oggetti	Predmet
Positivo	Pozitívny
Presa	Zásuvka
Quantità	Množstvo
Rete	Sieť
Telefono	Telefón
Televisione	Televízia

Emozioni
Emócie

Amore	Láska
Beatitudine	Blaženosť
Calma	Pokojný
Contenuto	Obsah
Eccitato	Nadšený
Gentilezza	Láskavosť
Gioia	Radosť
Grato	Vďačný
Noia	Nuda
Pace	Mier
Paura	Strach
Rabbia	Hnev
Rilassato	Uvoľnený
Rilievo	Reliéf
Simpatia	Sympatie
Soddisfatto	Spokojný
Sorpresa	Prekvapenie
Tenerezza	Neha
Tranquillità	Pokoj
Tristezza	Smútok

Energia
Energia

Ambiente	Prostredie
Batteria	Batéria
Benzina	Benzín
Calore	Teplo
Carbonio	Uhlík
Carburante	Palivo
Diesel	Nafta
Elettrico	Elektrický
Elettrone	Elektrón
Entropia	Entropia
Fotone	Fotón
Idrogeno	Vodík
Industria	Priemysel
Inquinamento	Znečistenie
Motore	Motor
Nucleare	Jadrový
Rinnovabile	Obnoviteľný
Turbina	Turbína
Vapore	Para
Vento	Vietor

Erboristeria
Bylinkárstvo

Aglio	Cesnak
Aneto	Kôpor
Aromatico	Aromatický
Basilico	Bazalka
Culinario	Kuchársky
Dragoncello	Estragón
Finocchio	Fenikel
Fiore	Kvet
Giardino	Záhrada
Ingrediente	Zložka
Lavanda	Levanduľa
Maggiorana	Majorán
Menta	Mäta
Origano	Oregano
Prezzemolo	Petržlen
Qualità	Kvalita
Rosmarino	Rozmarín
Timo	Tymian
Verde	Zelená
Zafferano	Šafran

Escursionismo
Pešia Turistika

Acqua	Voda
Animali	Zvieratá
Campeggio	Kemp
Clima	Klíma
Mappa	Mapa
Meteo	Počasie
Montagna	Vrch
Natura	Povaha
Orientamento	Orientácia
Parchi	Parky
Pesante	Ťažký
Pietre	Kamene
Preparazione	Príprava
Scogliera	Útes
Selvaggio	Divoký
Sole	Slnko
Stanco	Unavený
Stivali	Čižmy
Vertice	Summit
Zanzare	Komáre

Etica
Etický

Altruismo	Altruizmus
Benevolo	Benevolentný
Compassione	Súcit
Cooperazione	Spolupráca
Dignità	Dôstojnosť
Diplomatico	Diplomatický
Filosofia	Filozofia
Gentilezza	Láskavosť
Integrità	Integrita
Onestà	Poctivosť
Ottimismo	Optimizmus
Pazienza	Trpezlivosť
Ragionevole	Rozumný
Razionalità	Racionalita
Realismo	Realizmus
Rispettoso	Úctivý
Saggezza	Múdrosť
Tolleranza	Tolerancia
Umanità	Ľudstvo
Valori	Hodnoty

Famiglia
Rodinná

Antenato	Predok
Bambini	Deti
Bambino	Dieťa
Cugino	Bratranec
Figlia	Dcéra
Fratello	Brat
Gemelli	Dvojčatá
Infanzia	Detstvo
Madre	Matka
Marito	Manžel
Materno	Matiek
Moglie	Manželka
Nipote	Synovec
Nonna	Babička
Nonno	Dedko
Padre	Otec
Paterno	Otcovské
Sorella	Sestra
Zia	Teta
Zio	Strýko

Fantascienza
Science Fiction

Atomico	Atómová
Cinema	Kino
Distopia	Dystopia
Esplosione	Výbuch
Estremo	Extrémny
Fantastico	Fantastický
Fuoco	Oheň
Futuristico	Futuristický
Galassia	Galaxia
Illusione	Ilúzia
Immaginario	Imaginárny
Libri	Knihy
Misterioso	Tajomný
Mondo	Svet
Oracolo	Oracle
Pianeta	Planéta
Realistico	Realistický
Robot	Roboty
Tecnologia	Technológia
Utopia	Utópia

Fattoria #1
Farma #1

Acqua	Voda
Ape	Včela
Asino	Somár
Campo	Pole
Cane	Pes
Capra	Koza
Cavallo	Kôň
Fertilizzante	Hnojivo
Fieno	Seno
Gatto	Mačka
Gregge	Kŕdeľ
Maiale	Prasa
Miele	Med
Mucca	Krava
Pollo	Kura
Recinto	Plot
Riso	Ryža
Semi	Semená
Terra	Pôda
Vitello	Teľa

Fattoria #2
Farma # 2

Agnello	Jahňa
Agricoltore	Farmár
Alveare	Úľ
Anatra	Kačica
Animali	Zvieratá
Cibo	Jedlo
Fienile	Stodola
Frutta	Ovocie
Frutteto	Sad
Grano	Pšenica
Irrigazione	Zavlažovanie
Lama	Lama
Latte	Mlieko
Mais	Kukurica
Oche	Husi
Orzo	Jačmeň
Pastore	Pastier
Pecora	Ovce
Prato	Lúka
Trattore	Traktor

Filantropia
Filantropia

Bambini	Deti
Bisogno	Potrebovať
Carità	Charita
Comunità	Komunita
Contatti	Kontakty
Finanza	Financie
Fondi	Fondy
Generosità	Štedrosť
Gioventù	Mládež
Globale	Globálny
Gruppi	Skupiny
Missione	Misia
Obiettivi	Ciele
Onestà	Poctivosť
Persone	Ľudia
Programmi	Programy
Pubblico	Verejnosť
Sfide	Výzvy
Storia	História
Umanità	Ľudstvo

Fiori
Kvety

Dente di Leone	Púpava
Gardenia	Gardénia
Gelsomino	Jazmín
Giglio	Ľalia
Girasole	Slnečnica
Ibisco	Ibištek
Lavanda	Levanduľa
Lilla	Orgován
Magnolia	Magnólia
Margherita	Sedmokráska
Mazzo	Kytica
Narciso	Narcis
Orchidea	Orchidea
Papavero	Mak
Peonia	Pivonka
Petalo	Lístok
Plumeria	Plumeria
Rosa	Ruža
Trifoglio	Ďatelina
Tulipano	Tulipán

Fisica
Fyzika

Accelerazione	Zrýchlenie
Atomo	Atóm
Caos	Chaos
Chimico	Chemický
Densità	Hustota
Elettrone	Elektrón
Espansione	Expanzia
Formula	Vzorec
Frequenza	Frekvencia
Gas	Plyn
Gravità	Gravitácia
Magnetismo	Magnetizmus
Meccanica	Mechanika
Molecola	Molekula
Motore	Motor
Nucleare	Jadrový
Particella	Častica
Relatività	Relativita
Universale	Univerzálny
Velocità	Rýchlosť

Foresta Pluviale
Dažďový Prales

Anfibi	Obojživelníky
Botanico	Botanický
Clima	Klíma
Comunità	Komunita
Diversità	Rôznorodosť
Giungla	Džungle
Indigeno	Domorodý
Insetti	Hmyz
Mammiferi	Cicavce
Muschio	Mach
Natura	Povaha
Nuvole	Oblaky
Preservazione	Zachovanie
Prezioso	Cenný
Restauro	Obnova
Rifugio	Útočisko
Rispetto	Rešpektovať
Sopravvivenza	Prežitie
Specie	Druh
Uccelli	Vtáky

Forme
Tvary

Angolo	Rút
Arco	Oblúk
Bordi	Okraje
Cerchio	Kruh
Cilindro	Valec
Cono	Kužeľ
Cubo	Kocka
Curva	Krivka
Ellisse	Elipsa
Iperbole	Hyperbola
Lato	Strana
Linea	Linka
Ovale	Ovál
Piramide	Pyramída
Poligono	Mnohouholník
Prisma	Hranol
Quadrato	Námestie
Rettangolo	Obdĺžnik
Sfera	Sféra
Triangolo	Trojuholník

Forniture Artistiche
Umelecké Potreby

Acqua	Voda
Acquerelli	Akvarely
Acrilico	Akryl
Argilla	Hlina
Carbone	Uhlie
Carta	Papier
Cavalletto	Stojan
Colla	Lepidlo
Colori	Farby
Creatività	Tvorivosť
Gomma	Guma
Idee	Nápady
Inchiostro	Atrament
Matite	Ceruzky
Olio	Olej
Pastelli	Pastely
Sedia	Stolička
Spazzole	Kefy
Tavolo	Tabuľka
Telecamera	Fotoaparát

Forza e Gravità
Sila a Gravitácia

Asse	Os
Attrito	Trenie
Centro	Centrum
Dinamico	Dynamický
Distanza	Vzdialenosť
Espansione	Expanzia
Fisica	Fyzika
Impatto	Vplyv
Magnetismo	Magnetizmus
Meccanica	Mechanika
Movimento	Pohyb
Orbita	Orbita
Peso	Hmotnosť
Pianeti	Planét
Pressione	Tlak
Proprietà	Vlastnosti
Scoperta	Objav
Tempo	Čas
Universale	Univerzálny
Velocità	Rýchlosť

Frutta
Ovocie

Albicocca	Marhule
Ananas	Ananás
Arancia	Oranžový
Avocado	Avokádo
Bacca	Bobule
Banana	Banán
Ciliegia	Čerešňa
Fico	Figa
Kiwi	Kivi
Lampone	Malina
Limone	Citrón
Mango	Mango
Mela	Jablko
Melone	Melón
Mora	Černice
Papaia	Papája
Pera	Hruška
Pesca	Broskyňa
Prugna	Slivka
Uva	Hrozno

Geografia
Geografia

Atlante	Atlas
Città	Mesto
Continente	Kontinent
Elevazione	Výška
Emisfero	Hemisféra
Fiume	Rieka
Isola	Ostrov
Longitudine	Logitude
Mappa	Mapa
Mare	More
Meridiano	Poludník
Mondo	Svet
Montagna	Vrch
Nord	Sever
Oceano	Oceán
Ovest	Západ
Paese	Krajina
Regione	Región
Sud	Juh
Territorio	Územie

Geologia
Geológia

Acido	Kyselina
Altopiano	Plošina
Calcio	Vápnik
Caverna	Jaskyňa
Continente	Kontinent
Corallo	Koralov
Cristalli	Kryštály
Erosione	Erózia
Fossile	Fosílne
Geyser	Gejzír
Lava	Láva
Minerali	Minerály
Pietra	Kameň
Quarzo	Kremeň
Sale	Soľ
Stalagmiti	Stalagmity
Stalattite	Stalaktit
Strato	Vrstva
Terremoto	Zemetrasenie
Vulcano	Sopka

Geometria
Geometria

Altezza	Výška
Angolo	Uhol
Calcolo	Kalkulácia
Cerchio	Kruh
Curva	Krivka
Diametro	Priemer
Dimensione	Rozmer
Equazione	Rovnice
Logica	Logika
Mediano	Medián
Numero	Číslo
Orizzontale	Horizontálny
Parallelo	Paralelný
Proporzione	Podiel
Segmento	Segment
Simmetria	Symetria
Superficie	Povrch
Teoria	Teória
Triangolo	Trojuholník
Verticale	Vertikálny

Giardinaggio
Záhradníctvo

Acqua	Voda
Botanico	Botanický
Clima	Klíma
Commestibile	Jedlé
Compost	Kompost
Contenitore	Kontajner
Esotico	Exotický
Fiorire	Kvet
Floreale	Kvetinový
Foglia	List
Fogliame	Lístie
Frutteto	Sad
Mazzo	Kytica
Semi	Semená
Specie	Druh
Sporco	Špina
Stagionale	Sezónny
Suolo	Pôda
Tubo	Hadica
Umidità	Vlhkosť

Giardino
Záhradný

Albero	Strom
Amaca	Hojdacia Sieť
Cespuglio	Ker
Erba	Tráva
Erbacce	Buriny
Fiore	Kvet
Frutteto	Sad
Garage	Garáž
Giardino	Záhrada
Pala	Lopata
Panca	Lavička
Prato	Trávnik
Rastrello	Hrable
Recinto	Plot
Stagno	Rybník
Suolo	Pôda
Terrazza	Terasa
Trampolino	Trampolína
Tubo	Hadica
Vite	Vinič

Giorni e Mesi
Dni a Mesiace

Agosto	August
Anno	Rok
Aprile	Apríl
Calendario	Kalendár
Dicembre	December
Domenica	Nedeľa
Febbraio	Február
Gennaio	Január
Giugno	Jún
Luglio	Júl
Lunedì	Pondelok
Martedì	Utorok
Mercoledì	Streda
Mese	Mesiac
Novembre	November
Ottobre	Október
Sabato	Sobota
Settembre	September
Settimana	Týždeň
Venerdì	Piatok

Governo
Vláda

Capo	Vodca
Cittadinanza	Občianstvo
Civile	Občiansky
Costituzione	Ústava
Democrazia	Demokracia
Discorso	Reč
Discussione	Diskusia
Giudiziario	Súdny
Giustizia	Spravodlivosť
Indipendenza	Nezávislosť
Legge	Zákon
Libertà	Sloboda
Monumento	Pamätník
Nazionale	Národný
Nazione	Národ
Politica	Politika
Quartiere	Okres
Simbolo	Symbol
Stato	Štát
Uguaglianza	Rovnosť

Guida
Šoférovanie

Attenzione	Opatrnosť
Auto	Auto
Autobus	Autobus
Carburante	Palivo
Freni	Brzdy
Garage	Garáž
Gas	Plyn
Incidente	Nehoda
Licenza	Licencia
Mappa	Mapa
Moto	Motocykel
Motore	Motor
Pedonale	Pešej
Polizia	Polícia
Sicurezza	Bezpečnosť
Strada	Cesta
Traffico	Doprava
Trasporto	Preprava
Tunnel	Tunel
Velocità	Rýchlosť

I Media
Médium

Atteggiamenti	Postoje
Commerciale	Komerčný
Comunicazione	Komunikácia
Digitale	Digitálny
Edizione	Vydanie
Educazione	Vzdelávanie
Fatti	Fakty
Finanziamento	Financovanie
Foto	Fotografie
Giornali	Noviny
Industria	Priemysel
Intellettuale	Intelektuálny
Locale	Miestny
Online	Online
Opinione	Názor
Pubblico	Verejnosť
Radio	Rádio
Rete	Sieť
Riviste	Časopisy
Televisione	Televízia

Imbarcazioni
Lode

Albero	Stožiar
Ancora	Kotva
Barca a Vela	Plachetnica
Boa	Bója
Canoa	Kanoe
Corda	Lano
Equipaggio	Posádka
Fiume	Rieka
Kayak	Kajak
Lago	Jazero
Mare	More
Marea	Príliv
Marinaio	Námorník
Motore	Motor
Nautico	Námorných
Oceano	Oceán
Onde	Vlny
Traghetto	Trajekt
Yacht	Jachta
Zattera	Raft

Ingegneria
Strojárstvo

Angolo	Uhol
Asse	Os
Calcolo	Kalkulácia
Costruzione	Konštrukcia
Diagramma	Diagram
Diametro	Priemer
Diesel	Nafta
Distribuzione	Distribúcia
Energia	Energia
Forza	Sila
Leve	Páky
Liquido	Kvapalina
Macchina	Stroj
Misurazione	Meranie
Motore	Motor
Profondità	Hĺbka
Propulsione	Pohon
Rotazione	Rotácia
Stabilità	Stabilita
Struttura	Štruktúra

Insetti
Hmyz

Afide	Voška
Ape	Včela
Calabrone	Sršeň
Cavalletta	Kobylka
Cicala	Cikáda
Coccinella	Lienka
Coleottero	Chrobák
Falena	Mor
Farfalla	Motýľ
Formica	Mravec
Larva	Larva
Libellula	Vážka
Locusta	Svätojánsky
Mantide	Mantis
Pulce	Blcha
Scarafaggio	Šváb
Termite	Termit
Verme	Červ
Vespa	Osa
Zanzara	Komár

Jazz
Jazz

Album	Album
Applauso	Potlesk
Artista	Umelec
Canzone	Pieseň
Compositore	Skladateľ
Composizione	Zloženie
Concerto	Koncert
Enfasi	Dôraz
Famoso	Slávny
Genere	Žáner
Improvvisazione	Improvizácia
Musica	Hudba
Nuovo	Nový
Orchestra	Orchester
Preferiti	Obľúbené
Ritmo	Rytmus
Stile	Štýl
Talento	Talent
Tecnica	Technika
Vecchio	Starý

L'Azienda
Spoločnosť

Creativo	Kreatívny
Decisione	Rozhodnutie
Globale	Globálny
Industria	Priemysel
Innovativo	Inovatívny
Investimento	Investícia
Occupazione	Zamestnanie
Possibilità	Možnosť
Presentazione	Prezentácia
Prodotto	Produkt
Professionale	Profesionálny
Progresso	Pokrok
Qualità	Kvalita
Reddito	Príjmy
Reputazione	Povesť
Rischi	Riziká
Risorse	Zdroje
Salari	Mzdy
Tendenze	Trendy
Unità	Jednotky

Letteratura
Literatúra

Analisi	Analýza
Analogia	Analógia
Aneddoto	Anekdota
Autore	Autor
Biografia	Životopis
Conclusione	Záver
Confronto	Porovnanie
Descrizione	Popis
Dialogo	Dialóg
Genere	Žáner
Metafora	Metafora
Opinione	Názor
Poesia	Báseň
Poetico	Poetický
Rima	Rým
Ritmo	Rytmus
Romanzo	Román
Stile	Štýl
Tema	Téma
Tragedia	Tragédia

Libri
Knihy

Autore	Autor
Avventura	Dobrodružstvo
Collezione	Zbierka
Contesto	Kontext
Dualità	Dualita
Epico	Epos
Inventivo	Vynaliezavý
Letterario	Literárny
Lettore	Čitateľ
Narratore	Rozprávač
Pagina	Strana
Poesia	Poézia
Rilevante	Príslušný
Romanzo	Román
Scritto	Písaný
Serie	Séria
Storia	Príbeh
Storico	Historický
Tragico	Tragický
Umoristico	Humorný

Malattia
Choroba

Acuto	Akútny
Addominale	Brušný
Allergie	Alergie
Benessere	Wellness
Contagioso	Nákazlivý
Corpo	Telo
Cronico	Chronický
Cuore	Srdce
Debole	Slabý
Ereditario	Dedičný
Genetico	Genetický
Immunità	Imunita
Infiammazione	Zápal
Lombare	Bedrovej
Neuropatia	Neuropatia
Polmonare	Pľúcny
Respiratorio	Dýchací
Salute	Zdravie
Sindrome	Syndróm
Terapia	Terapia

Mammiferi
Cicavcov

Balena	Veľryba
Cane	Pes
Canguro	Klokan
Cavallo	Kôň
Cervo	Jeleň
Coniglio	Králik
Coyote	Kojot
Delfino	Delfín
Elefante	Slon
Gatto	Mačka
Giraffa	Žirafa
Gorilla	Gorila
Leone	Lev
Lupo	Vlk
Orso	Medveď
Pecora	Ovce
Scimmia	Opica
Toro	Býk
Volpe	Líška
Zebra	Zebra

Matematica
Matematika

Angoli	Uhly
Aritmetica	Aritmetika
Decimale	Desatinné
Diametro	Priemer
Divisione	Divízia
Equazione	Rovnice
Esponente	Exponent
Frazione	Zlomok
Geometria	Geometria
Parallelo	Paralelný
Parallelogramma	Rovnobežník
Perimetro	Obvod
Perpendicolare	Kolmý
Poligono	Mnohouholník
Quadrato	Námestie
Raggio	Polomer
Rettangolo	Obdĺžnik
Simmetria	Symetria
Somma	Súčet
Triangolo	Trojuholník

Meditazione
Meditácia

Accettazione	Prijatie
Attenzione	Pozornosť
Calma	Pokojný
Chiarezza	Jasnosť
Compassione	Súcit
Emozioni	Emócie
Felicità	Šťastie
Gentilezza	Láskavosť
Gratitudine	Vďačnosť
Mentale	Mentálny
Mente	Myseľ
Movimento	Pohyb
Musica	Hudba
Natura	Povaha
Osservazione	Pozorovanie
Pace	Mier
Pensieri	Myšlienky
Prospettiva	Perspektíva
Respirazione	Dýchanie
Silenzio	Ticho

Meteo
Počasie

Arcobaleno	Dúha
Asciutto	Suchý
Atmosfera	Atmosféra
Brezza	Vánok
Cielo	Neba
Clima	Klíma
Fulmine	Blesk
Ghiaccio	Ľad
Monsone	Monzún
Nebbia	Hmla
Nube	Mrak
Polare	Polárny
Siccità	Sucho
Temperatura	Teplota
Tempesta	Búrka
Tornado	Tornádo
Tropicale	Tropický
Tuono	Hrom
Uragano	Hurikán
Vento	Vietor

Mitologia
Mytológia

Archetipo	Archetyp
Comportamento	Správanie
Creatura	Tvor
Creazione	Tvorba
Credenze	Presvedčenie
Cultura	Kultúra
Disastro	Katastrofa
Divinità	Božstvá
Eroe	Hrdina
Forza	Sila
Fulmine	Blesk
Gelosia	Žiarlivosť
Guerriero	Bojovník
Immortalità	Nesmrteľnosť
Labirinto	Labyrint
Leggenda	Legenda
Mortale	Smrteľný
Mostro	Príšera
Tuono	Hrom
Vendetta	Pomsta

Musica
Hudba

Album	Album
Armonia	Súlad
Armonico	Harmonický
Ballata	Balada
Cantante	Spevák
Cantare	Spievať
Classico	Klasický
Coro	Refrén
Lirico	Lyrický
Melodia	Melódia
Microfono	Mikrofón
Musicale	Muzikál
Musicista	Hudobník
Opera	Opera
Poetico	Poetický
Registrazione	Nahrávanie
Ritmico	Rytmický
Ritmo	Rytmus
Strumento	Nástroj
Tempo	Tempo

Natura
Príroda

Animali	Zvieratá
Api	Včely
Artico	Arktický
Bellezza	Krása
Deserto	Púšť
Dinamico	Dynamický
Erosione	Erózia
Fiume	Rieka
Fogliame	Lístie
Foresta	Les
Ghiacciaio	Ľadovec
Montagne	Hory
Nebbia	Hmla
Nuvole	Oblaky
Santuario	Svätyňa
Scogliere	Útesy
Selvaggio	Divoký
Sereno	Pokojný
Tropicale	Tropický
Vitale	Vitálny

Numeri
Čísla

Cinque	Päť
Decimale	Desatinné
Diciannove	Devätnásť
Diciassette	Sedemnásť
Diciotto	Osemnásť
Dieci	Desať
Dodici	Dvanásť
Due	Dva
Nove	Deväť
Otto	Osem
Quattordici	Štrnásť
Quattro	Štyri
Quindici	Pätnásť
Sedici	Šestnásť
Sei	Šesť
Sette	Sedem
Tre	Tri
Tredici	Trinásť
Venti	Dvadsať
Zero	Nula

Nutrizione
Výživa

Amaro	Horký
Appetito	Chuť
Bilanciato	Vyvážený
Calorie	Kalórie
Carboidrati	Sacharidy
Commestibile	Jedlé
Dieta	Diéta
Digestione	Trávenie
Fermentazione	Kvasenie
Liquidi	Tekutiny
Nutriente	Živín
Peso	Hmotnosť
Proteine	Bielkoviny
Qualità	Kvalita
Salsa	Omáčka
Salute	Zdravie
Sano	Zdravý
Spezie	Korenie
Tossina	Toxín
Vitamina	Vitamín

Oceano
Oceán

Anguilla	Úhor
Balena	Veľryba
Barca	Loď
Corallo	Koralov
Delfino	Delfín
Gamberetto	Krevety
Granchio	Krab
Maree	Príliv
Medusa	Medúza
Onde	Vlny
Ostrica	Ustrice
Pesce	Ryby
Polpo	Chobotnica
Sale	Soľ
Scogliera	Útes
Spugna	Hubka
Squalo	Žralok
Tartaruga	Korytnačka
Tempesta	Búrka
Tonno	Tuniak

Paesaggi
Krajinky

Cascata	Vodopád
Collina	Kopec
Deserto	Púšť
Dune	Duny
Fiume	Rieka
Geyser	Gejzír
Ghiacciaio	Ľadovec
Grotta	Jaskyňa
Isola	Ostrov
Lago	Jazero
Mare	More
Montagna	Vrch
Oasi	Oáza
Oceano	Oceán
Palude	Močiar
Penisola	Polostrov
Spiaggia	Pláž
Tundra	Tundra
Valle	Údolie
Vulcano	Sopka

Paesi #1
Krajiny #1

Brasile	Brazília
Cambogia	Kambodža
Canada	Kanada
Egitto	Egypt
Finlandia	Fínsko
Germania	Nemecko
India	India
Iraq	Irak
Israele	Izrael
Libia	Líbya
Mali	Mali
Marocco	Maroko
Norvegia	Nórsko
Panama	Panama
Polonia	Poľsko
Romania	Rumunsko
Senegal	Senegal
Spagna	Španielsko
Venezuela	Venezuela
Vietnam	Vietnam

Paesi #2
Krajiny #2

Albania	Albánsko
Danimarca	Dánsko
Etiopia	Etiópia
Giamaica	Jamajka
Giappone	Japonsko
Grecia	Grécko
Haiti	Haiti
Indonesia	Indonézia
Irlanda	Írsko
Laos	Laos
Liberia	Libéria
Messico	Mexiko
Nepal	Nepál
Nigeria	Nigéria
Pakistan	Pakistan
Russia	Rusko
Siria	Sýria
Sudan	Sudán
Ucraina	Ukrajina
Uganda	Uganda

Piante
Rastliny

Albero	Strom
Bacca	Bobule
Bambù	Bambus
Botanica	Botanika
Cactus	Kaktus
Cespuglio	Ker
Edera	Brečtan
Erba	Tráva
Fagiolo	Fazuľa
Fertilizzante	Hnojivo
Fiore	Kvet
Flora	Flóra
Foglia	List
Fogliame	Lístie
Foresta	Les
Giardino	Záhrada
Muschio	Mach
Petalo	Lístok
Radice	Koreň
Vegetazione	Vegetácia

Professioni #1
Profesie #1

Allenatore	Tréner
Ambasciatore	Veľvyslanec
Artista	Umelec
Astronomo	Astronóm
Avvocato	Právnik
Ballerino	Tanečník
Banchiere	Bankár
Cacciatore	Lovec
Cartografo	Kartograf
Editore	Editor
Farmacista	Lekárnik
Geologo	Geológ
Gioielliere	Klenotník
Idraulico	Inštalatér
Infermiera	Sestra
Musicista	Hudobník
Pianista	Klavirista
Psicologo	Psychológ
Scienziato	Vedec
Veterinario	Veterinár

Professioni #2
Profesie #2

Astronauta	Astronaut
Bibliotecario	Knihovník
Biologo	Biológ
Chirurgo	Chirurg
Dentista	Zubár
Filosofo	Filozof
Fotografo	Fotograf
Giardiniere	Záhradník
Giornalista	Novinár
Illustratore	Ilustrátor
Ingegnere	Inžinier
Insegnante	Učiteľ
Inventore	Vynálezca
Investigatore	Vyšetrovateľ
Linguista	Lingvista
Medico	Lekár
Pilota	Pilot
Pittore	Maliar
Ricercatore	Výskumník
Zoologo	Zoológ

Psicologia
Psychológia

Appuntamento	Vymenovanie
Clinico	Klinický
Cognizione	Poznanie
Comportamento	Správanie
Conflitto	Konflikt
Ego	Ego
Emozioni	Emócie
Esperienze	Skúsenosti
Idee	Nápady
Inconscio	Nevedomý
Infanzia	Detstvo
Pensieri	Myšlienky
Percezione	Vnímanie
Personalità	Osobnosť
Problema	Problém
Realtà	Realita
Sensazione	Pocit
Subconscio	Podvedomie
Terapia	Terapia
Valutazione	Hodnotenie

Riscaldamento Globale
Globálne Otepľovanie

Ambientale	Ekologický
Artico	Arktický
Attenzione	Pozornosť
Clima	Klíma
Crisi	Kríza
Dati	Údaje
Energia	Energia
Futuro	Budúcnosť
Gas	Plyn
Generazioni	Generácie
Governo	Vláda
Habitat	Biotop
Industria	Priemysel
Internazionale	Medzinárodný
Legislazione	Legislatíva
Ora	Teraz
Popolazioni	Populácie
Scienziato	Vedec
Sviluppo	Vývoj
Temperature	Teploty

Ristorante #1
Reštaurácia #1

Allergia	Alergia
Caffè	Káva
Cameriera	Čašníčka
Carne	Mäso
Cassiere	Pokladník
Cibo	Jedlo
Ciotola	Miska
Coltello	Nôž
Cucina	Kuchyňa
Dessert	Dezert
Ingredienti	Ingrediencie
Mangiare	Jesť
Menù	Menu
Pane	Chlieb
Piatto	Tanier
Piccante	Pikantné
Pollo	Kura
Prenotazione	Rezervácia
Salsa	Omáčka
Tovagliolo	Obrúsok

Ristorante #2
Reštaurácia č. 2

Acqua	Voda
Aperitivo	Predjedlo
Bevanda	Nápoj
Cameriere	Čašník
Cena	Večera
Cucchiaio	Lyžica
Delizioso	Lahodný
Forchetta	Vidlica
Frutta	Ovocie
Ghiaccio	Ľad
Insalata	Šalát
Minestra	Polievka
Pesce	Ryby
Pranzo	Obed
Sale	Soľ
Sedia	Stolička
Spezie	Korenie
Torta	Torta
Uova	Vajcia
Verdure	Zelenina

Salute e Benessere #1
Zdravie a Wellness #1

Abitudine	Zvyk
Altezza	Výška
Attivo	Aktívny
Batteri	Baktérie
Clinica	Klinika
Fame	Hlad
Farmacia	Lekáreň
Frattura	Zlomenina
Medicina	Medicína
Medico	Lekár
Muscoli	Svaly
Nervi	Nervy
Ormoni	Hormóny
Ossa	Kosti
Pelle	Koža
Riflesso	Reflex
Rilassamento	Relaxácia
Terapia	Terapia
Trattamento	Liečba
Virus	Vírus

Salute e Benessere #2
Zdravie a Wellness #2

Allergia	Alergia
Anatomia	Anatómia
Appetito	Chuť
Caloria	Kalórie
Corpo	Telo
Dieta	Diéta
Digestione	Trávenie
Disidratazione	Dehydratácia
Energia	Energia
Genetica	Genetika
Igiene	Hygiena
Infezione	Infekcia
Malattia	Choroba
Massaggio	Masáž
Nutrizione	Výživa
Ospedale	Nemocnica
Peso	Hmotnosť
Sangue	Krv
Sano	Zdravý
Vitamina	Vitamín

Scienza
Veda

Atomo	Atóm
Chimico	Chemický
Clima	Klíma
Dati	Údaje
Esperimento	Experiment
Evoluzione	Vývoj
Fatto	Fakt
Fisica	Fyzika
Fossile	Fosílne
Gravità	Gravitácia
Ipotesi	Hypotéza
Laboratorio	Laboratórium
Metodo	Metóda
Minerali	Minerály
Molecole	Molekuly
Natura	Povaha
Organismo	Organizmus
Osservazione	Pozorovanie
Particelle	Častice
Scienziato	Vedec

Sport
Šport

Allenatore	Tréner
Atleta	Športovec
Capacità	Schopnosť
Ciclismo	Cyklistika
Corpo	Telo
Danza	Tanec
Dieta	Diéta
Forza	Sila
Jogging	Jogging
Massimizzare	Maximalizovať
Metabolico	Metabolický
Muscoli	Svaly
Nutrizione	Výživa
Obiettivo	Cieľ
Ossa	Kosti
Programma	Program
Resistenza	Vytrvalosť
Salute	Zdravie
Sportivo	Športové
Stretching	Strečing

Strumenti Musicali
Hudobné Nástroje

Armonica	Harmonika
Arpa	Harfa
Banjo	Banjo
Chitarra	Gitara
Clarinetto	Klarinet
Fagotto	Fagot
Flauto	Flauta
Gong	Gong
Mandolino	Mandolína
Marimba	Marimba
Oboe	Hoboj
Percussione	Perkusie
Pianoforte	Klavír
Sassofono	Saxofón
Tamburello	Tamburína
Tamburo	Bubon
Tromba	Trúbka
Trombone	Trombón
Violino	Husle
Violoncello	Violončelo

Tempo
Čas

Anno	Rok
Annuale	Ročný
Calendario	Kalendár
Decennio	Desaťročie
Dopo	Po
Futuro	Budúcnosť
Giorno	Deň
Ieri	Včera
Mattina	Ráno
Mese	Mesiac
Mezzogiorno	Poludnie
Minuto	Minúta
Notte	Noc
Oggi	Dnes
Ora	Hodina
Orologio	Hodiny
Presto	Čoskoro
Prima	Pred
Secolo	Storočie
Settimana	Týždeň

Tipi di Capelli
Typy Vlasov

Argento	Striebro
Asciutto	Suchý
Bianco	Biely
Biondo	Blond
Breve	Krátky
Calvo	Plešatý
Colorato	Farebné
Grigio	Šedá
Intrecciato	Pletené
Liscio	Hladký
Lungo	Dlhý
Marrone	Hnedý
Morbido	Mäkký
Nero	Čierny
Riccio	Kučeravý
Riccioli	Kučery
Sano	Zdravý
Sottile	Tenký
Spessore	Hrubý
Trecce	Vrkôčiky

Uccelli
Vtákov

Airone	Volavka
Anatra	Kačica
Aquila	Orol
Cicogna	Bocian
Cigno	Labuť
Colomba	Holubica
Cuculo	Kukučka
Fenicottero	Plameniak
Gabbiano	Čajka
Oca	Hus
Pappagallo	Papagáj
Passero	Vrabec
Pavone	Páv
Pellicano	Pelikán
Piccione	Holub
Pinguino	Tučniak
Pollo	Kura
Struzzo	Pštros
Tucano	Tukan
Uovo	Vajec

Universo
Vesmír

Asteroide	Asteroid
Astronomia	Astronómia
Astronomo	Astronóm
Atmosfera	Atmosféra
Buio	Tma
Celeste	Nebeský
Cielo	Neba
Cosmico	Kozmický
Emisfero	Hemisféra
Equatore	Rovník
Galassia	Galaxia
Longitudine	Logitude
Luna	Mesiac
Orbita	Orbita
Orizzonte	Horizont
Solare	Solárny
Solstizio	Slnovrat
Telescopio	Teleskop
Visibile	Viditeľný
Zodiaco	Zverokruh

Vacanze #2
Dovolenka #2

Aeroporto	Letisko
Campeggio	Kemp
Destinazione	Cieľ
Foto	Fotografie
Hotel	Hotel
Isola	Ostrov
Mappa	Mapa
Mare	More
Passaporto	Pas
Ristorante	Reštaurácia
Spiaggia	Pláž
Straniero	Cudzinec
Taxi	Taxi
Tempo Libero	Voľný Čas
Tenda	Stan
Trasporto	Preprava
Treno	Vlak
Vacanza	Dovolenka
Viaggio	Cesta
Visto	Víza

Veicoli
Vozidlá

Aereo	Lietadlo
Ambulanza	Ambulancie
Auto	Auto
Autobus	Autobus
Barca	Loď
Bicicletta	Bicykel
Camion	Nákladné Auto
Caravan	Karavána
Elicottero	Vrtuľník
Metropolitana	Metro
Motore	Motor
Pneumatici	Pneumatiky
Razzo	Raketa
Scooter	Skúter
Sottomarino	Ponorka
Taxi	Taxi
Traghetto	Trajekt
Trattore	Traktor
Treno	Vlak
Zattera	Raft

Verdure
Zelenina

Aglio	Cesnak
Broccolo	Brokolica
Carciofo	Artičok
Carota	Mrkva
Cetriolo	Uhorka
Cipolla	Cibuľa
Fungo	Huba
Insalata	Šalát
Melanzana	Baklažán
Patata	Zemiak
Pisello	Hrach
Pomodoro	Paradajka
Prezzemolo	Petržlen
Rapa	Kvaka
Ravanello	Reďkovka
Scalogno	Šalotka
Sedano	Zeler
Spinaci	Špenát
Zenzero	Zázvor
Zucca	Tekvica

Vestiti
Oblečenie

Abito	Šaty
Braccialetto	Náramok
Camicetta	Blúzka
Camicia	Košeľa
Cappello	Klobúk
Cappotto	Plášť
Cintura	Pás
Collana	Náhrdelník
Giacca	Bunda
Gonna	Sukňa
Grembiule	Zástera
Guanti	Rukavice
Jeans	Džínsy
Maglione	Sveter
Moda	Móda
Pantaloni	Nohavice
Pigiama	Pyžamá
Sandali	Sandále
Scarpa	Topánka
Sciarpa	Šál

Congratulazioni

Ce l'hai fatta!

Speriamo che questo libro vi sia piaciuto tanto quanto a noi è piaciuto concepirlo. Ci sforziamo di creare libri della più alta qualità possibile.
Questa edizione è progettata per fornire un apprendimento intelligente, di qualità e divertente!

Le è piaciuto questo libro?

Una Semplice Richiesta

Questi libri esistono grazie alle recensioni che pubblicate.

Puoi aiutarci lasciando una recensione
ora a questo link ?

BestBooksActivity.com/Recensioni50

SFIDA FINALE!

Sfida n°1

Sei pronto per il tuo gioco gratuito? Li usiamo sempre, ma non sono così facili da trovare - ecco i Sinonimi!
Scrivi 5 parole che hai trovato nei puzzle (n° 21, n° 36, n° 76) e prova a trovare 2 sinonimi per ogni parola.

Scrivi 5 parole del ***Puzzle 21***

Parole	Sinonimo 1	Sinonimo 2

Scrivi 5 parole del ***Puzzle 36***

Parole	Sinonimo 1	Sinonimo 2

Scrivi 5 parole del ***Puzzle 76***

Parole	Sinonimo 1	Sinonimo 2

Sfida n°2

Ora che ti sei riscaldato, scrivi 5 parole che hai trovato nei puzzle n° 9, n° 17 e n° 25 e cerca di trovare 2 contrari per ogni parola. Quanti ne puoi trovare in 20 minuti?

Scrivi 5 parole del ***Puzzle 9***

Parole	Antonimo 1	Antonimo 2

Scrivi 5 parole del ***Puzzle 17***

Parole	Antonimo 1	Antonimo 2

Scrivi 5 parole del ***Puzzle 25***

Parole	Antonimo 1	Antonimo 2

Sfida n°3

Grande! Questa sfida  non è niente per te!

Pronto per la sfida finale? Scegli 10 parole che hai scoperto nei diversi puzzle e scrivile qui sotto.

1.	6.
2.	7.
3.	8.
4.	9.
5.	10.

Ora scrivi un testo pensando a una persona, un animale o un luogo che ti piace.

Puoi usare l'ultima pagina di questo libro come bozza.

La tua composizione:

TACCUINO:

A PRESTO!

Tutta la Squadra

www.ingramcontent.com/pod-product-compliance
Lightning Source LLC
Chambersburg PA
CBHW082054120626
46553CB00011B/3404